Marianne Heimbach-Steins (Hg.)

Religion als gesellschaftliches Phänomen

Bamberger Theologisches Forum

herausgegeben von

Klaus Bieberstein, Peter Bruns, Volker Eid,
Marianne Heimbach-Steins, Alfred Hierold,
Wolfgang Klausnitzer, Georg Kraus, Godehard Ruppert,
Heinz-Günther Schöttler, Peter Wünsche

Professorin und Professoren der Fakultät Katholische Theologie
der Otto-Friedrich-Universität Bamberg

Band 3

LIT

Marianne Heimbach-Steins (Hg.)

Religion als gesellschaftliches Phänomen

Soziologische, theologische und literaturwissenschaftliche Annäherungen

LIT

Umschlagbild: Siegel der Fakultät Katholische Theologie der Otto-Friedrich-Universität Bamberg

Die Deutsche Bibliothek – CIP-Einheitsaufnahme

Religion als gesellschaftliches Phänomen : Soziologische, theologische und literaturwissenschaftliche Annäherungen / Marianne Heimbach-Steins (Hg.) . – Münster : Lit, 2002
(Bamberger Theologisches Forum ; 3)
ISBN 3-8258-6040-x

Grevener Str. 179 48159 Münster Tel. 0251–23 50 91 Fax 0251–23 19 72
e-Mail: lit@lit-verlag.de http://www.lit-verlag.de

Inhaltsverzeichnis

Vorwort

Zu den Kennzeichen der modernen Gesellschaft gehört nach Meinung vieler Zeitgenossen, gerade auch in den christlichen Kirchen, dass sie eine „säkularisierte" Gesellschaft sei. In dieser Charakterisierung schwingt, zumindest wenn sie aus kirchennahen Kreisen kommt, in der Regel Kritik, Bedauern, jedenfalls eine Verlustanzeige mit; sie bezieht sich auf den Rückgang der Kirchlichkeit, der (Selbst-)Bindung an kirchlich verortete und gebundene Religiosität. Dennoch trifft die „Säkularisierungsthese" – ob sie nun in wissenschaftlichem oder eher in einem populären Gewand daherkommt – die religiöse Situation unserer Gegenwartsgesellschaft nicht adäquat.

Religion und Religiosität sind keineswegs aus der Gesellschaft verschwunden. Sie sind präsent, wenn auch vielfach in Formen, die traditionellen kirchlichen Vorgaben und Erwartungen nicht entsprechen. Religion und Religiosität können also nicht mehr selbstverständlich mit dem Christentum, schon gar nicht mit den kirchlich verfassten Christentümern gleichgesetzt werden. Menschen leben und artikulieren ihre Religiosität in vielfältiger Gestalt, die auch christlich, auch bisweilen kirchlich sein kann, aber oft genug auch ganz andere, individuell „erfundene" Formen annehmen und sich aus höchst unterschiedlichen Quellen speisen kann.

Die Grenzen von Religion als einem gesellschaftlichen Phänomen erscheinen oft als schwer bestimmbar; Religion und Weltanschauung, Glaube, Kult, Lebenspraxis, Transzendenz, Heiligkeit, Gott – alle diese Größen bedürfen einer Zuordnung zueinander und Abgrenzung gegeneinander, damit bestimmt werden kann, was denn in einer Gesellschaft als Religion gelten soll. Die Frage nach den Kriterien von Religion, nach dem Unterscheidenden, gehört seit jeher zu den Grundfragen religionssoziologischer und religionswissenschaftlicher Forschung. Es gibt nicht die eine, eindeutige Antwort, sondern einen Plural von Möglichkeiten der Zuordnung, der Definition, der Konstruktion des Religiösen.

Dabei geht es keineswegs nur um akademische Fingerübungen. Die Frage nach Religion als einem Phänomen der Gesellschaft betrifft den kulturellen Zusammenhang im Ganzen, die (Wert-)Grundlagen und Zielvorstellungen der Gesellschaft: Gibt es Bindungen, Wertvorstellungen, Ziele, die in einer pluralen, individualisierten und globalisierten Gesellschaft Fundament eines Konsenses sein können? Immer weniger, so scheint es, kann Religion – auch sie hoch individualisiert – ein solches Moment der gesellschaftlichen Integration darstellen. Gleichwohl wäre es vorschnell, daraus zu schließen, dass Religion gesellschaftlich bedeutungslos und zur reinen Privatsache geworden wäre.

Zum anderen ist die Frage nach Religion in der Gesellschaft für die Theologie und für die Praxis der Kirchen von herausragender Bedeutung. Denn gerade in einer gesellschaftlichen Situation, in der die Nicht-Identität von Religion, Christentum und Kirche offenkundig geworden und neben die verschiedenen Konfessionen und Religionszugehörigkeiten eine Art neuer „Konfession" der Religionslosen getreten ist, gehört es zu einer verantwortungsvollen Theologie und Praxis der Kirchen, sich dieser Situation zu stellen, Wege und Artikulationsformen von Religion auch jenseits der traditionellen Formen und Ausdrucksgestalten, die das Christentum bereithält, zu studieren und Möglichkeiten des Verstehens, der Kommunikation zu ergründen. Dabei muss es zuerst darum gehen, die religiösen Bedürfnisse, Sehnsüchte und Suchbewegungen der Menschen wahrzunehmen und ernst zu nehmen. Diese Ebene des Verstehen-Wollens, des Wahrnehmens, was ist und Menschen umtreibt, darf eine christliche Theologie und Praxis ihrem Selbstverständnis nach nicht überspringen. Darin liegt zugleich eine unhintergehbare Voraussetzung, um neue Wege der Verständigung im Horizont des christlichen Glaubens zu bahnen, um – in vollem Respekt vor der Glaubensfreiheit der Menschen – den Glauben in der Gesellschaft von neuem als eine gute, lebensförderliche Botschaft „anbieten" zu können.

Es gibt also zahlreiche gute Gründe und Motive, warum die Fakultät Katholische Theologie der Universität Bamberg ihr Theologisches Forum im Wintersemester 2000/2001 unter das Thema „Religion als gesellschaftliches Phänomen" gestellt und dazu Fachleute aus Religionssoziologie, Theologie und Literaturwissenschaft eingeladen hat. In fünf Vorträgen wurde das Thema aus verschiedenen Perspektiven beleuchtet:

Monika Wohlrab-Sahr, Professorin für Religions- und Kirchensoziologie an der Theologischen Fakultät der Universität Leipzig, reflektiert in ihrem Beitrag die Erkenntnismöglichkeiten der Soziologie im Blick auf Religion und Religionslosigkeit. Ausgehend von der Situation im Osten Deutschlands, in der Nicht-Zugehörigkeit zu einer Religion oder Weltanschauung als das „Normale" gilt, diskutiert sie im Gespräch mit den klassischen Ansätzen von Émile Durkheim und Max Weber sowie mit den an die Klassiker anknüpfenden neueren Positionen von Thomas Luckmann und Ulrich Oevermann die Reichweite der Kategorie Religion und die Frage, ob angesichts des in diesen Theorien sehr engen Zusammenhangs von Religion und Identität Religionslosigkeit überhaupt aus soziologischer Sicht bestimmt werden könne. Diesen Ansatz konfrontiert sie schließlich mit dem Zugang Niklas Luhmanns, der Religion im Problem der Kontingenz verankert sieht und daher Religion nicht allein in Bezug auf die Frage personaler Identität denkt als in der Spannung zwischen Bestimmbarem und Unbestimmbarem, von Immanenz und Transzendenz.

Christoph Bochinger, Inhaber der Professur für religiöse Sozialisation und Erwachsenenbildung an der Universität Bayreuth, stellt Forschungsprozesse und Ergebnisse aus einem interuniversitären und interdisziplinären Projekt zur Alltagsreligiosität evangelischer und katholischer Christen in Franken vor („Die unsichtbare Religion in der sichtbaren Religion. Formen spiritueller Orientierung in der Alltagsreligiosität evangelischer und katholischer Christen in Franken"). Er zeigt insbesondere die Vielfalt religiöser Ausdrucksformen, die Vielfalt der Quellen und Gestalten religiöser Kommunikation, die sich auch bei kirchennahen Personen ausgeprägt hat und von der die kirchlichen Funktionäre oft allzu wenig wissen.

Auch der Beitrag von *Georg Hilger*, Professor für Religionspädagogik und Didaktik des Religionsunterrichts an der Katholisch-Theologischen Fakultät der Universität Regensburg, zielt auf die Ebene der Alltagsreligiosität. In seinem Beitrag legt er religiöse Vorstellungen und Ausdrucksformen von Kindern und Jugendlichen dar, die er unter der Fragestellung „Was jungen Menschen heilig ist" in einem entsprechenden Projekt mit Studierenden an Schulen erhoben hat. Ausgehend von der religionswissenschaftlich bestimmten Kategorie des „Heiligen" ging es darum, die Wahrnehmungskompetenz für die Religiosität der Jugendlichen zu schulen und pädagogische und didaktische Instrumente zu entwickeln, mit denen die jungen Menschen im Kontext der Schule ermutigt werden können, ihr eigenes Erleben authentisch zur Sprache zu bringen.

Ging es bisher um unterschiedliche Facetten der religiösen Situation in Deutschland, so wird mit dem Beitrag von *Norbert Klaes*, Professor für Religionsgeschichte an der Universität Würzburg, der Horizont auf die Weltgesellschaft ausgeweitet. Anhand der Arbeit interreligiöser Organisationen fragt Klaes nach der Rolle von Religion in einer globalisierten Weltgesellschaft, nach den Chancen von (institutionalisierten) Religionen, als global player z.B. im Bereich der Friedensarbeit tätig zu werden und damit auch eine politische Funktion im Sinne des zivilgesellschaftlichen Engagements von Nichtregierungsorganisationen zu übernehmen. Diese Möglichkeiten, mit denen zugleich Aspekte der Verantwortung benannt sind, schildert Klaes insbesondere am Beispiel der Weltkonferenz der Religionen für den Frieden, in der er selbst als einer der Co-Präsidenten tätig ist.

Den Abschluss bildet der Beitrag von *Peter Horst Neumann*, Professor für Neuere Deutsche Literaturwissenschaft an der Universität Erlangen, mit dem das Feld der Religion im Spiegel der Literatur eröffnet und damit ein spezifischer Aspekt der kulturellen Bedeutung und Präsenz von Religion beleuchtet wird. Im Spiegel von Jean Pauls Traumdichtung „Rede des todten Christus vom Weltgebäude herab, daß kein Gott sei" zeichnet Neumann den Verlust der traditionellen christlichen Glaubensbilder und -gewissheiten unter dem Einfluss der kritischen

Philosophie Kants nach. Damit lenkt er die Aufmerksamkeit auf einen geistesgeschichtlichen und kulturellen Wendepunkt, den man mit guten Gründen als Einsatzzeichen der Moderne und damit zugleich als eine Wurzel der modernen Problematik von Religion und Religionslosigkeit als gesellschaftliche Phänomene identifizieren kann.

So schließt sich auf vielleicht unvermutete Weise der Kreis der Vortragsreihe, die das weite Feld der Religion zwar nicht umfassend und erschöpfend abschreiten, aber doch in exemplarischen Annäherungen in den Blick nehmen und als Reflexionsgegenstand anbieten wollte.

Viele haben dazu beigetragen, dass die hier dokumentierte Vortragsreihe und das nun vorliegende Buch zustande kommen konnten. Mein Dank gilt zunächst der Autorin und den Autoren für Ihre Bereitschaft zur Mitwirkung und für die gute Kooperation. Dank gilt dem Rektor der Universität Bamberg, Herrn Prof. Dr. Dr. Godehard Ruppert, der – vor der Wahl in dieses Amt – den Anstoß zu der Veranstaltungsreihe gegeben und die Mitwirkenden gewonnen hat. Die redaktionelle Bearbeitung des Bandes und die Einrichtung des Manuskripts haben Hartmut Köß und Gertrud Böhnlein besorgt, denen dafür an dieser Stelle ebenfalls herzlich gedankt sei. Schließlich danke ich dem Lektor des Lit-Verlags, Herrn Dr. Michael Rainer, für sein Interesse an dem Projekt und für die sorgfältige Betreuung des Bandes.

Bamberg, im März 2002

Prof. Dr. Marianne Heimbach-Steins

Religion und Religionslosigkeit: Was sieht man durch die soziologische Brille?*

Monika Wohlrab-Sahr

1. Religion und Religionslosigkeit als gesellschaftliche Phänomene

Im Sommer 1999 bin ich mit dem Auftrag an die Leipziger Universität berufen worden, dort das Fach Religionssoziologie zu vertreten. Wenn man dies nicht allein als Klassikerexegese, sondern auch als empirische Aufgabe versteht, ist man in Ostdeutschland zunächst einmal einer erheblichen Irritation ausgesetzt: Scheint doch der Gegenstand vor Ort im Verschwinden begriffen. Mit etwa 70 Prozent stellen in Ostdeutschland die Konfessionslosen die große Mehrheit der Bevölkerung, und in den Städten fällt dieser Anteil z.T. noch erheblich höher aus. Ein Großteil dieser Konfessionslosen sagt in Umfragen von sich selbst, dass sie nicht an Gott oder an ein höheres Wesen glauben. Ohne Abstriche sagen das 50 Prozent der ostdeutschen Bevölkerung, ein Spitzenwert im weltweiten Vergleich, neben Ländern wie Tschechien, der Ukraine und Estland.

Im Alltag allerdings fällt einem nicht unbedingt ein dezidierter Atheismus auf, sondern eher die Selbstverständlichkeit, mit der das Nichtvorhandensein religiöser Bindung vorausgesetzt wird. Bei einem kleinen studentischen Projekt zum Jahrtausendwechsel führte ein Student im Dezember 1999 kurze Interviews am Leipziger Bahnhof durch, in denen er Passanten nach ihren Erwartungen zum Ende des Millenniums befragte. Am Ende der kurzen Gespräche fragte er jeweils, ob die Betreffenden „eher christlich oder eher atheistisch eingestellt" seien. Während die älteren Befragten sich in der Regel eindeutig einem dieser beiden Pole zuordneten, antwortete eine Gruppe von Jugendlichen – gewissermaßen kollektiv – auf diese Frage: „Weder noch, normal halt". Ich habe den Eindruck, dass in dieser knappen, lapidaren Antwort in gewisser Weise die Selbstcharakterisierung eines großen Teils der jüngeren Generation in Ostdeutschland zum Ausdruck kommt: Es ist eine Generation, die – von der politischen Entwicklung her, aber auch von Seiten des Elternhauses – in der Regel nicht mehr gezwungen war, sich christlich oder atheistisch zu positionieren. Die Nicht-Zugehörigkeit ist in weltanschaulicher Hinsicht der Normalfall.

Diese spezifisch ostdeutsche Entwicklung ist unter dem Stichwort Entkirchlichung in verschiedener Hinsicht untersucht worden. Während Entkirchlichung –

* Vgl. zu diesem Aufsatz auch M. Wohlrab-Sahr, Religionslosigkeit als Thema der Religionssoziologie, in: Pastoraltheologie 90 (2001) 152-167.

auch mit den Methoden der quantitativen Sozialforschung – relativ gut zu erfassen ist, und möglicherweise auch Entchristlichung – im Sinne eines Rückgangs der Zustimmung zu zentralen Glaubensinhalten und der Partizipation an Glaubenspraktiken – darüber vergleichsweise gut in den Blick kommt, verhält es sich mit einer anderen Frage komplizierter. Mit der Frage nämlich, ob der extreme Rückgang von Christlichkeit und Kirchlichkeit in der Zeit der DDR – die Mitgliedschaft in der evangelischen Kirche sank zwischen 1950 und 1989 von 80,5% auf 24%, die in der katholische Kirche von 12% auf 5% – gleichbedeutend ist mit Religionslosigkeit.[1]

Es gibt zu dieser Frage zwei relativ verbreitete Positionen, die beide im Umfeld der Kirchen, aber auch der Medien populär sind. Die eine findet sich etwa repräsentiert in einer Rede des Schriftstellers Günter de Bruyn zum Reformationsfest 1997.[2] Die andere findet man in der anlässlich der EKD-Synode in Leipzig im Jahr 1999 verteilten Broschüre „Ermutigung zur Mission".[3]

Günter de Bruyn spricht in der genannten Rede im Hinblick auf Ostdeutschland davon, dass „Gottes Platz in der Seele zu einer Leerstelle geworden" sei, die offenbar nach neuen Glaubensinhalten und neuer seelischer Bindung verlange. Und er nennt in diesem Zusammenhang die Erfolge von Sekten und Astrologen, sowie die Vergottung populärer Idole. Die Vorstellung, die hier implizit zum Tragen kommt, ist die, dass ein christliches Vakuum ein offenbar selbstverständlich vorausgesetztes religiöses Bedürfnis weckt, das dann letztlich mit Aberglauben und Idolatrie gestillt wird. Ein religiöses Bedürfnis wird hier zu einer anthropologischen Konstante. Es ist das, was auch unter den Bedingungen der Entkirchlichung bleibt und gewissermaßen durch Surrogate ersatzweise befriedigt wird.

Eine geradezu gegenteilige Annahme artikuliert sich in der Broschüre zur EKD-Synode. Hier findet sich unter der Rubrik „Von Gott reden in der säkularen Welt..." unter anderem das Foto eines Forschers in einem High-Tech-Labor, mit dem Kommentar: „Sie kennen keine Geheimnisse und halten kein Rätsel für unlösbar. Für sie ist die Welt erklärbar und berechenbar. Gott ist höchstens eine mathematische Formel und die Welt das Ergebnis eines Zufalls. Es ist schwer, zu ihnen zu sprechen von dem Gott mit dem menschlichen Gesicht"[4]. Das Desinteresse am Christentum wird hier implizit gleichgesetzt mit einer generellen

---

1 Vgl. D. Pollack, Kirche in der Organisationsgesellschaft. Zum Wandel der gesellschaftlichen Lage der evangelischen Kirchen in der DDR, Stuttgart 1994.

2 Vgl. G. de Bruyn, Rede zum Reformationsfest 1997 (unveröffentlichtes Manuskript).

3 Vgl. Kirchenamt der Evangelischen Kirche in Deutschland (Hg.), Ermutigung zur Mission. Information, Anregungen, Beispiele. Ein Lesebuch zum Schwerpunktthema der EKD-Synode 1999, Hannover 1999.

4 Ebd. 8.

Rationalisierung und „Entzauberung“, die gleichsam zum Habitus von Personen geworden ist. Einem Habitus, der für Transzendenzen keinen Platz hat und den man als „religionslos“ im umfassenden Sinn wohl adäquat bezeichnen kann.

Nun ist der Soziologie der Blick in die Seelen, von denen der Schriftsteller de Bruyn spricht, per se verstellt. Ihr bleibt nur der Weg über das, was von solchen Seelenlagen Eingang findet in die Kommunikation. Wenn man sich also für Religionslosigkeit interessiert, was scheint näher zu liegen als der Weg über empirische Befragungen?

An dieser Stelle eröffnen sich jedoch eine Reihe methodischer Probleme. Was man in standardisierten Befragungen vergleichsweise unproblematisch erheben kann, ist die Zustimmung zu oder die Ablehnung von expliziten religiösen Positionen: der Glaube an Gott oder ein höheres Wesen, der Glaube an ein Leben nach dem Tod oder an die Wiedergeburt, an die Astrologie, das Pendeln, an die Macht von Tarotkarten oder an Zauberei. Man kann auf diese Weise Einstellungen zu einem ganzen Spektrum religiöser oder magischer Überzeugungen und Praktiken erheben. Alles, was an religiösen oder antireligiösen Positionen formulierbar und an Praktiken benennbar ist, lässt sich auch gut abfragen und – wenn man so will – „messen“. Schwieriger wird es allerdings bei sich möglicherweise neu herausbildenden, noch „diffusen“ Formen der Religiosität. Und besonders schwierig wird es bei der Frage, ob man es dort, wo bestimmte Praktiken und Glaubensinhalte nicht bejaht werden, mit Religionslosigkeit zu tun hat.

Wenn ich diese Frage so stelle, geht es mir nicht darum, die Phänomene der Religiosität und der Religionslosigkeit mit einer Aura zu umgeben, die sie einer empirischen Erschließung entziehen. Was von diesen Phänomenen für Soziologen zugänglich ist, kann immer nur das sein, was kommuniziert wird. Über das Innenleben und über das religiöse Erleben von Personen kann die Soziologie genauso wenig sagen wie über die wahre Liebe. Dennoch bleibt die Frage, was es jeweils ist, das man von einem Phänomen erfasst, wenn man sich ihm methodisch auf eine bestimmte Weise nähert, zentral für jede empirische Forschung. Meine These ist, dass man über Umfragen zu religiösen Einstellungen und zu religiösem Verhalten nur einen begrenzten Ausschnitt der Phänomene Religiosität und Religionslosigkeit erfasst. Dieser Ausschnitt sagt uns etwas darüber, in welchem Maße sich Personen in einem bestimmten religiösen Kontext – etwa den christlichen Kirchen – verorten und ob sie, wenn sie diesen Kontext verlassen – sich andere explizit religiöse oder magische Kontexte suchen oder ob sie diesem Feld völlig den Rücken kehren. Zu dieser Frage gibt es eine Reihe wichtiger Befunde, die darauf hindeuten, dass in Deutschland eine Abwendung vom christlichen Kontext in vielen Fällen *nicht* dadurch kompensiert wird, dass man sich anderweitig explizit religiös orientiert oder Interesse zeigt an magischen oder esoterischen Praktiken. Die „Leerstelle“, von der de Bruyn spricht, wird also in den meisten Fällen offenbar *nicht* durch anderweitige explizite religiöse oder spirituelle Bindungen kompensiert, jedenfalls nicht, soweit diese in Umfragen erfasst werden. Die Frage der Religionslosigkeit ist damit aber noch nicht beantwortet. Und damit ist letztlich auch das Problem der Definition von Religion aufgeworfen.[5]

Ich werde dieses Problem, das die Religionssoziologie seit ihren Anfängen begleitet, hier sicherlich nicht lösen. Vielmehr will ich in einem Durchgang durch klassische und neuere soziologische Theorien der Frage nachgehen, wie dort Religion und Religionslosigkeit behandelt wurden. Diese Sichtung von Theorie verfolgt das Ziel, Anhaltspunkte dafür zu finden, was es bei einer empirischen Erhebung über Religionslosigkeit zu berücksichtigen gilt. Und sie soll gleichzeitig zeigen, was man von den Phänomenen Religion und Religionslosigkeit in den Blick bekommt, wenn man sie durch verschieden getönte „soziologische Brillen“ betrachtet.

2. Religionslosigkeit als Thema der Religionssoziologie: Die latente Dominanz des Identitätsthemas

Das Thema Religionslosigkeit war in der frühen Soziologie – zumindest implizit – durchaus ein relevantes Thema. Dies gilt nicht zuletzt deshalb, weil die Annahmen über die Entwicklung der modernen Gesellschaft in der Gründerzeit der Soziologie zugleich Annahmen über das Schicksal der Religion waren. So wie die junge Soziologie gleichzeitig Religionssoziologie war, war die frühe Religionssoziologie gleichzeitig Theorie der modernen Gesellschaft.

2.1 Religion und Identität bei den soziologischen Klassikern: Émile Durkheim und Max Weber

Die Klassiker der Soziologie wie Max Weber oder der frühe Émile Durkheim haben das zunehmende Schwinden von Religion gewissermaßen als Fluchtpunkt des Prozesses gesellschaftlicher Rationalisierung und Differenzierung vorausgesagt. Während Durkheim in seiner frühen Schrift „Über soziale Arbeitsteilung“[6] nur noch den „Kult des Individuums“ als die einzige, in der arbeitsteiligen Gesellschaft mögliche Form des Kollektivbewusstseins ansah, ist er in seinem

[5] Vgl. dazu D. Pollack, Was ist Religion? Probleme der Definition, in: Zeitschrift für Religionswissenschaft 3 (1995) 163-190.

[6] Vgl. É. Durkheim, Über soziale Arbeitsteilung, Frankfurt 1977 (zuerst 1893).

Spätwerk[7] aus theorieimmanenten Gründen zur Religion zurückgekehrt. Religion wird nun geradezu als unerlässlich angesehen für Gesellschaft. Für all das, was wir als konkrete Formen von Religion heute kennen und vor Augen haben, antizipiert Durkheim allerdings auch in seinem Spätwerk ein zunehmendes Verschwinden. Was jedoch, wie er meint, als das „Ewige" in der Religion bleiben wird, ist die Kraft, die sich in der Religion artikuliert und die in religiösen Zeremonien als etwas erfahrbar wird, das über den Einzelnen hinausgeht und ihn in seinen Bann schlägt. Diese Kraft aber ist für Durkheim das Gesellschaftliche selbst. In dieser Perspektive ist Religion nicht mehr zu unterscheiden von anderen Formen des Gewahrwerdens, Erinnerns und Zelebrierens von Gesellschaftlichkeit. In einer berühmt gewordenen Formel wird Durkheim schließlich sagen: „Gott ist Gesellschaft"[8].

Es ist kein Zufall, dass in dieser Theorie auch die Organisationsformen von Religiosität, wie wir sie kennen – wie Kirche oder Sekte – kaum eine Rolle spielen. Religion verknüpft gewissermaßen direkt die Makroebene der Gesellschaft mit der Mikroebene des Einzelnen. In der heutigen Terminologie könnte man sagen: Religion wird gleichbedeutend mit kollektiver Identität. Und Gott wird zur Chiffre kollektiver Identität, zum Ausdruck dafür, dass es eine den Einzelnen übersteigende gesellschaftliche Kraft gibt, die ihn bindet und verpflichtet. Entsprechend würde auch das Schwinden von Religion den Verlust kollektiver Identität bedeuten. Eine religionslose Gesellschaft wäre dann keine Gesellschaft mehr und ein religionsloses Individuum sozusagen asozial.

Durkheims Theorie ist für die gegenwärtige Religionssoziologie durchaus nicht nur von historischem Interesse. Insbesondere steht sie Pate für Ansätze, die sich mit dem Phänomen der Zivilreligion befassen. Dabei zeigt sich, dass die Religionssoziologie Durkheims in vieler Hinsicht probate Mittel bereitstellt, um Phänomene kollektiver Identität zu untersuchen. Insbesondere gilt dies für die Übertragung von Ausdrucksformen, Ritualen und Symbolen des religiösen Feldes in den Bereich der Politik hinein.

---

7 Vgl. É. Durkheim, Die elementaren Formen des sozialen Lebens, Frankfurt 1981 (zuerst 1912).

8 So der Titel einer Vorlesung Durkheims im Rahmen einer Vorlesungsreihe über „Religion und Moral" an der École des Hautes Études, 1905-1906, zitiert nach: W. S. Pickering (Hg.), Durkheim on Religion, Atlanta 1994, 332. Aber auch an anderer Stelle spricht Durkheim von Gott als dem „bildhafte[n] Ausdruck der Gesellschaft" (Durkheim 1981, a.a.O., 309), der „transfigurierte[n] und symbolisch gedachte[n] Gesellschaft" (É. Durkheim, Soziologie und Philosophie, Frankfurt 1976, 105), bzw. als dem „symbolische[n] Ausdruck der Kollektivität" (É. Durkheim, Erziehung, Moral und Gesellschaft. Vorlesung an der Sorbonne, Frankfurt 1984 (zuerst 1902/03), 151.

Die DDR wie auch die Sowjetunion haben sich aus dem Fundus religiöser Ausdrucksformen reichlich bedient, so dass man nicht nur von einer Weltanschauungskonkurrenz, sondern geradezu von einer Kultkonkurrenz sprechen muss. Hier ist sicherlich zuallererst die Jugendweihe als Alternativritual zur Konfirmation zu nennen. Das Buch „Weltall, Erde, Mensch", das von den 50er bis in die 70er Jahre anlässlich der Jugendweihe an alle Jugendlichen verteilt wurde beginnt bezeichnenderweise mit den Worten: „Dieses Buch ist das Buch der Wahrheit"[9].

Dennoch ist es die Frage – und zwar aus *analytischen* Gründen –, ob es sich bei solchen säkularreligiösen oder auch bei zivilreligiösen Phänomenen um „Religion" handelt; ob also die Übernahme von Formen aus dem religiösen Feld selbst bereits Religion ist oder Religion erzeugt. Diese Frage, die sich für die Theologie im Hinblick auf geschichtstheologische Deutungen gewissermaßen aus normativen Gründen stellt, stellt sich für die Soziologie aus Gründen begrifflicher Unterscheidung. Und zwar geht es dabei letztlich um die Frage, ob der Religionsbegriff ohne eine Vorstellung von „großer" Transzendenz auskommen kann.[10]

Damit komme ich zu Max Weber, dem zweiten Klassiker der Religionssoziologie. Weber hat den Säkularisierungsgedanken in gewisser Weise konsequenter zu Ende gedacht als Durkheim, ohne freilich eine explizite Theorie der Säkularisierung zu entwickeln. Seiner Theorie des Modernisierungsprozesses zufolge ist es die Religion selbst, vor allem der asketische Protestantismus, der den gesellschaftlichen Rationalisierungsprozess aus sich heraustreibt, der sich dann letztlich gegen seine eigenen Grundlagen richtet.

Besonders deutlich wird diese Emanzipation von einem religiösen Ursprung in der Berufsidee, in der Weber einen „der konstitutiven Bestandteile des modernen kapitalistischen Geistes" und „der modernen Kultur" sieht: „die rationale Lebensführung auf Grundlage der *Berufsidee*, ist [...] geboren aus dem Geist der *christlichen Askese*"[11].

Zentral dabei ist der Gedanke, dass das im Calvinismus wesentliche dogmatische Problem der Prädestinationslehre und das daraus resultierende Problem der chronischen Unsicherheit im Hinblick auf das eigene Heil in einer systematisier-

---

9 Weltall, Erde, Mensch, Ein Sammelwerk zur Entwicklungsgeschichte von Natur und Gesellschaft, Berlin 1954, 5.

10 Vgl. T. Luckmann, Über die Funktion der Religion, in: P. Koslowski (Hg.), Die religiöse Dimension der Gesellschaft, Tübingen 1985, 26-41.

11 M. Weber, Die protestantische Ethik und der Geist des Kapitalismus, in: ders., Gesammelte Aufsätze zur Religionssoziologie, Bd. I, Tübingen 1988 (zuerst 1920), 17-206, 202 (Hervorh. im Original).

ten Form der Lebensführung mit dem Ziel der Bewährung seinen Niederschlag findet. Diese sieht Weber getragen von dem Bemühen, über die Bewährung in der Berufsarbeit und im wirtschaftlichen Erfolg indirekt doch einen Anhaltspunkt hinsichtlich der eigenen Erlösung zu erlangen. Der Bewährungsgedanke ist in Webers Perspektive der psychologische Ausgangspunkt der, wie er sagt, „methodischen Sittlichkeit", während die Prädestinationslehre ihren dogmatischen Hintergrund darstellt.[12]

Diese enge Verflechtung von religiöser Motivation und beruflicher Askese allerdings bezeichnet nur den Beginn der Entwicklung: Im Laufe der Zeit emanzipiert sich der für den Kapitalismus erforderliche Habitus von seinen religiösen Ursprüngen, die religiöse Wurzel stirbt ab.[13] Die „protestantische Ethik" funktioniert nun auch ohne den Motor, der sie in Gang gebracht hat: „Der Puritaner *wollte* Berufsmensch sein, – wir *müssen* es sein"[14]. Was es für ihn heißt, in einer rationalisierten Gesellschaft, die sich ihrer religiösen Wurzeln entledigt hat, einem *Beruf* nachzugehen, entfaltet Weber insbesondere in seinen Schriften zur Wissenschaftslehre.[15] Es könne in der modernen Gesellschaft letztlich nur darum gehen, dem Schicksal der „gottfremden, prophetenlosen Zeit" in sein ernstes, weil religionsloses, Antlitz zu blicken und der „Forderung des Tages"[16] gerecht zu werden.

Das Signum der Zeit ist in der Perspektive Max Webers tatsächlich das der Religionslosigkeit. Gleichwohl ist das Berufskonzept, wie Weber es anhand des Berufs des Wissenschaftlers ausführt, so durchdrungen vom Geist der protestantischen Ethik, dem Gedanken der Bewährung und dem Verpflichtetsein gegenüber – wie er sagt – „sittlichen Mächten", „der Pflicht, Klarheit und Verantwortungsgefühl zu schaffen"[17], dass hier in der Haltung noch etwas Religiöses durchklingt, das jedoch „positiv religiös", wie Weber es nennen würde, nicht mehr sein kann.

Im Hinblick auf das Thema Religionslosigkeit kann man festhalten, dass sie in der Weberschen Soziologie unausweichliches Signum der rationalisierten Moderne ist. Dennoch ist das religiöse Erbe eingegangen in den professionellen Habitus und wirkt hier als Verpflichtung gegenüber der Sache und als Antrieb zur Bewährung gegenüber dieser Verpflichtung. Man könnte sagen: Religion ist auch in dieser Theorie – wie schon bei Durkheim – eng verschmolzen mit Iden-

12 Vgl. ebd. 141.
13 Vgl. ebd. 197.
14 Vgl. ebd. 203 (Hervorh. im Original).
15 Vgl. M. Weber, Wissenschaft als Beruf, in: ders., Gesammelte Aufsätze zur Wissenschaftssoziologie, Tübingen 1988a (zuerst 1922), 582-613.
16 Ebd. 613.
17 Ebd. 608.

tität, hier im Sinne der methodischen Lebensführung, die in einem professionellen Habitus zum Ausdruck kommt. Aber ebenso wie der entwickelte Kapitalismus seine religiösen Wurzeln hinter sich lässt, gilt dies auch für die Lebensführung. Aus der Verpflichtung und Bewährung gegenüber Gott wird die Verpflichtung und Bewährung gegenüber der Sache, genau genommen gegenüber der Sachlichkeit. Und es gilt auch in der Verpflichtung auf diese Sachlichkeit: Man kann nur einem Gott dienen.

Die Betrachtung der Theorien von Weber und Durkheim zeigt zweierlei: Religion ist bei den soziologischen Klassikern unmittelbar mit Identität verknüpft: mit kollektiver Identität bei Durkheim, mit der Herausbildung eines professionellen Habitus bei Weber. Bei beiden jedoch verflüchtigt sich darüber Religion im Sinne eines Transzendenzbezugs.

2.2 Religion und Identität in neueren Ansätzen: Thomas Luckmann und Ulrich Oevermann

Dieser Zusammenhang ist auch insofern von Bedeutung, als diese enge Verbindung von Religion und Identität in neueren religionssoziologischen Ansätzen – etwa bei Thomas Luckmann[18] oder jüngst bei Ulrich Oevermann[19] – wieder aufgegriffen wird. Die Folge daraus ist, dass mit einer doppelten Religionsbegrifflichkeit gearbeitet wird: für Religion im *historisch spezifischen* und *inhaltlich* etwa durch das Christentum *bestimmten* Sinne wird ein zunehmender Rückgang im Zuge des Säkularisierungsprozesses prognostiziert. Religion in einem allgemeinen oder strukturellen Sinne bleibt jedoch erhalten. Auf dieser zweiten Ebene schließen beide Autoren Religionslosigkeit insofern implizit oder explizit aus, und zwar deshalb, weil der Begriff der Religion auch bei ihnen aufs engste mit Identität verknüpft ist.

Ich möchte darauf noch etwas genauer eingehen. Thomas Luckmann hat in der Diskussion um Säkularisierung einen dezidierten Einwand erhoben, insofern in dieser Debatte ein genereller Schwund von Religion im Zuge des Modernisierungsprozesses erwartet wurde. Dieser Einwand ist in Luckmanns Theorie in

---

18 Vgl. T. Luckmann, Lebenswelt und Gesellschaft, Grundstrukturen und geschichtliche Wandlungen, Paderborn 1980; ders. 1985, a.a.O.; ders., Die unsichtbare Religion, Frankfurt 1991.

19 Vgl. U. Oevermann, Ein Modell der Struktur von Religiosität. Zugleich ein Modell von Lebenspraxis und von sozialer Zeit, in: M. Wohlrab-Sahr (Hg.), Biographie und Religion. Zwischen Ritual und Selbstsuche, Frankfurt 1995, 27-102; U. Oevermann, Ausprägungen der strukturellen Religiosität unter Bedingungen der vollständigen Säkularisierung des Bewußtseins. Vortrag bei der Jahrestagung 2001 der Sektion Religionssoziologie in der Deutschen Gesellschaft für Soziologie (unveröffentlichtes Manuskript).

doppelter Hinsicht verankert: einmal anthropologisch, insofern Luckmann einen allgemeinen Begriff von Religion bereits für die Transzendierung der biologischen Natur des Menschen verwendet: für den „Vorgang, der zur Herausbildung eines Selbst führt“[20]. Zum anderen hat der Einwand eine historische Stoßrichtung: Luckmann wendet gegen diejenigen, die Entkirchlichung mit Säkularisierung gleichsetzen, ein, dass sie den Bedeutungsrückgang einer *institutionell spezifischen* Form von Religion mit dem Rückgang von Religion im Ganzen verwechseln. In diesem Zusammenhang spricht er davon, dass sich eine „neue Sozialgestalt“ der Religion herauszubilden beginne, die sich von den Vorgaben der Kirchen zunehmend löse und ihre Themen vor allem im Bereich der Privatsphäre suche sowie dort auch ihre primäre intersubjektive Bestätigung finde. Die Kirchen verlieren im Verlauf dieses Prozesses ihr Deutungsmonopol, und das von ihnen repräsentierte „offizielle Modell“ der Religion verliert – so die Diagnose – an *subjektiver Plausibilität*.

In der Luckmannschen Religionstheorie haben demnach das Individuum und die „Privatsphäre“ in verschiedener Hinsicht eine zentrale Stellung: sie werden zum *Ort*, an den sich eine Religion anlagert, die sich aus ihrer bisherigen institutionellen Verankerung zunehmend löst; und sie werden selbst zum *Leitthema* dieser neuen Sozialgestalt der Religion. Religionslosigkeit kann es im Rahmen der Luckmannschen Theorie nicht geben, denn dann gäbe es kein Selbst, und es gäbe auch – da befindet er sich ganz in der Linie Durkheims – keine Gesellschaft.

Ich will die Frage, die sich zweifellos aufdrängt, ob ein solch weiter Religionsbegriff analytisch noch tauglich ist, hier nicht diskutieren. Interessant ist für mich an dieser Stelle der Befund, dass es auch in der Luckmannschen Theorie diesen unauflöslichen Zusammenhang von Religion und Identität gibt. Es geht bei Religion, so heißt es an anderer Stelle, um die „subjektiven Systeme `letzter´ Relevanzen“, die gewissermaßen die legitimatorische Ebene der persönlichen Identität bilden. Solange ein plausibles spezifisch-religiöses Deutungsangebot bereitliegt, um diese „letzten“ Relevanzen zu artikulieren, werden Individuen häufig darauf zurückgreifen. Je weiter aber diese Deutungsangebote sich von den individuellen Biographien entfernen – und als Deutungsangebote einer spezialisierten Religion tun sie dies nach Luckmann nahezu zwangsläufig – umso eher werden auch die subjektiven Systeme letzter Relevanzen mehr oder weniger unabhängig davon formuliert werden. Die Folge ist eine zunehmende Spannung zwischen dem „offiziellen Modell“ von Religion und den sozial vorherrschenden individuellen Systemen letzter Bedeutung, die um die Themen von

[20] Luckmann 1991, a.a.O., 86.

Selbstverwirklichung und Autonomie, Mobilität, Sexualität und Familie kreisen.[21]

Zusammenfassend kann man sagen, dass auch in der Luckmannschen Soziologie Religion unmittelbar an Identität – und das heißt in diesem Fall: an persönliche Identität – gebunden ist. Wesentlich dafür ist hier der Aufbau von Bedeutungshierarchien und damit gleichzeitig: Individuation und Gewissensaufbau. Auch wenn sich die Artikulation dieser „letzten Relevanzen" von den vorhandenen christlichen oder sonst wie spezifisch religiösen Deutungsangeboten abkehrt, bleibt sie doch dem Luckmannschen Verständnis nach per se religiös.

Damit komme ich zu dem Entwurf, den Ulrich Oevermann vor einigen Jahren in explizitem Anschluss an Max Weber vorgelegt hat.[22] In seinem „Strukturmodell von Religiosität" nimmt der für die Webersche Theorie zentrale Bewährungsgedanke ebenfalls eine wesentliche Stelle ein. Ulrich Oevermann ist der Ansicht, dass sich die Religionsentwicklung als eine Entwicklung der zunehmenden Artikulation und Radikalisierung der Bewährungsdynamik betrachten lässt. Im Zuge dieser Entwicklung verflüchtigen sich die religiösen Inhalte in ihrer Funktion der Herstellung eines gewissen Grades von Erlösungshoffnung und -gewissheit. Die Struktur und Dynamik von Religiosität, die Oevermann unauflösbar mit dem Motiv der Bewährung verknüpft sieht, verschwindet dadurch jedoch nicht.

Im Verlauf des Säkularisierungsprozesses verschärft sich die Bewährungsdynamik, weil ihr gewissermaßen die entlastenden Glaubensinhalte und Praktiken verloren gehen. Sie bleibt als verinnerlichte Bewährungsdynamik freilich bestehen. Der säkularisierte Mensch – so Oevermann –, dem die Erlösungsgarantie verweigert ist, ist zur Bewährung verurteilt. Damit hat sich Religion inhaltlich verflüchtigt, strukturell aber radikalisiert.

Die Bewältigung dieses Bewährungsproblems ist nun auf unterschiedliche Weise möglich: es kann magisch beschworen, in religiösen Erlösungsdogmen oder in säkularisierten *Ethiken der Lebensführung* bewältigt werden. Oevermann spricht in all diesen Fällen von struktureller Religiosität, obwohl Religiosität im inhaltlichen Sinn sich längst verflüchtigt haben kann. Traditionell, so Oevermann, seien es Mythen gewesen, die eine Antwort auf das Problem der Bewährung gaben. Wenn nun aber kohärente kollektiv verbürgte und vergemeinschaftende Mythen positiv für die Beantwortung der Sinnfrage kaum noch zur Verfügung stehen, welche Möglichkeit bleibt dann dem Einzelnen, die Frage nach dem Sinn seines Lebens zu beantworten, die Bewährungsdynamik auszuhalten?

---

21 Ebd. 122.

22 Vgl. Oevermann 1995, a.a.O.; ders. 2001, a.a.O.

Oevermanns Antwort darauf ist, dass die einzige verbleibende Möglichkeit ist, dass jedes Subjekt auf seine Weise seinen eigenen Bewährungsmythos anhand seiner eigenen Geschichte entwickelt. Die in der Gegenwart oft zu beobachtende Beschäftigung mit der Dynamik der eigenen Biographie wäre dann eine zwingende Folge daraus, dass sich im Verlauf des Säkularisierungsprozesses die inhaltlichen Antworten der Religion auf die Bewährungsfrage verflüchtigen, diese Frage jedoch als strukturelles Erbe der Religion erhalten bleibt. Im Rekurs auf die jeweils eigene Biographie müsste jeder seine individuelle Antwort finden.

Wie sehr Oevermann hier – gleichsam auch in seinem „heiligen Ernst" – im Gefolge Webers steht, zeigt folgendes Zitat aus Max Webers Aufsatz „Wissenschaft als Beruf": „Schlichte intellektuelle Rechtschaffenheit [...] gebietet uns festzustellen, dass heute für alle jene vielen, die auf neue Propheten und Heilande harren, die Lage die gleiche ist, wie sie aus jenem schönen, unter die Jesaja-Orakel aufgenommenen edomitischen Wächterlied in der Exilszeit klingt: `Es kommt ein Ruf aus Seïr in Edom: Wächter, wie lang noch die Nacht? Der Wächter spricht: Es kommt der Morgen, aber noch ist es Nacht. Wenn ihr fragen wollt, kommt ein ander Mal wieder.´ Das Volk, dem das gesagt wurde, hat gefragt und geharrt durch weit mehr als zwei Jahrtausende, und wir kennen sein erschütterndes Schicksal. Daraus wollen wir die Lehre ziehen: daß es mit dem Sehnen und Harren allein nicht getan ist, und es anders machen: an unsere Arbeit gehen und der `Forderung des Tages´ gerecht werden – menschlich sowohl wie beruflich. Die aber ist schlicht und einfach, wenn jeder den Dämon findet und ihm gehorcht, der seines Lebens Fäden hält."[23]

Fasst man zusammen, was in diesen beiden neueren Theorien den Kern der Verbindung von Religion und Identität ausmacht, so ist es bei Luckmann der Gedanke der Individuation und Gewissensbildung und dafür notwendig der Aufbau von subjektiven Systemen letzter Bedeutung. Bei Oevermann – im Anschluss an Weber – ist es der Gedanke der Bewährung. Hierarchisierung letzter Relevanzen und die Verpflichtung gegenüber höherstehenden Zielen wären demzufolge die strukturellen oder allgemeinen Momente von Religion, die mit spezifisch religiösen Inhalten zwar oft gefüllt sind, die aber auch nach deren „Verdampfen" als strukturelle oder allgemeine Elemente bestehen bleiben. Wollte man dies an die theologische Diskussion anschließen, so würde man sagen: es geht beide Male um die Frage der Rechtfertigung.

Stellt man nun an diese Ansätze die Frage, was dann „Religionslosigkeit" bedeuten würde, lautet die Antwort: Religionslosigkeit wäre dort gegeben, wo Fragen subjektiver Rechtfertigung und Bewährung – und damit insgesamt Sinn-

---

23 Weber 1988a, a.a.O., 613.

fragen – nicht mehr gestellt werden. Beide Autoren fassen diese Möglichkeit aber entweder nicht ins Auge oder schließen sie explizit aus.

3. Religion der Religionslosigkeit: eine Frage der Kriterien. Orientierungen bei Niklas Luhmann

Zweifellos sind Fragen der Rechtfertigung und des Sinns, Fragen der Identität und der Lebensführung wesentlich für Religiosität. Dennoch scheinen mir Ansätze, die sich auf diese Fragen beschränken, das Phänomen der Religiosität nur begrenzt zu erfassen. Sie bekommen nur die *Ordnungs- und Integrationsseite* des Religiösen in den Blick. So wie auf der Ebene des Kollektiven Religion eine integrative Funktion haben kann, so begreifen diese Ansätze Religion im Hinblick auf ihre integrative und ordnende Funktion für persönliche Identität. Die Termini „Ethiken der Lebensführung" und „subjektive Systeme \`letzter´ Bedeutung" belegen dies. So geht es beim Gedanken der Bewährung ja letztlich um die Ausrichtung des Lebens nach dem verpflichtenden Maßstab eines Gegenübers. Sei es gegenüber Gott oder gegenüber einer verpflichtenden Sache. Und wenn man für Identität die Errichtung von subjektiven Systemen „letzter" Bedeutung für unabdingbar hält, so ist auch hier eine hierarchisch gedachte Ordnung von Relevanzen maßgebend.

Diese Bestimmung von Religion greift aber m.E. zu kurz, weil sie den Transzendenzgedanken strukturell vernachlässigt. Nun liegt dies von der Weberschen Prognose her in gewisser Weise nahe, weil es bei Weber ja gerade um die Transformation transzendenter Bezüge in innerweltliche Askese ging, die sich von diesen Bezügen dann letztlich löst. Allerdings ist mit „Bewährung" und „letzten Bedeutungen" bereits eine Art des Umgangs mit einem transzendenten Bezug – man könnte sagen: eine Form der Bestimmung – bezeichnet, die die „andere Seite" nicht mehr mit thematisiert.

Mit dieser Begrifflichkeit habe ich mich bereits in den Kontext der letzten Theorie begeben, mit der ich mich hier beschäftigen will, nämlich der Religionssoziologie Niklas Luhmanns,[24] der Religion strukturell im Problem der Kontingenz verankert sieht. Kontingenz meint schlicht, dass die Dinge auch anders möglich sind und – so könnte man ergänzen – dass dies gewusst wird.

Dies wird deutlich an Luhmanns Überlegungen zur Struktur der Beobachtung und daran, wie er „Sinn" definiert. Beobachtung ist nur möglich durch Selektion, durch das Treffen von Unterscheidungen. Jede Selektion führt aber das, was ausgeschieden ist, gewissermaßen in einem Horizont von Möglichkeiten weiter

---

24 Vgl. N. Luhmann, Funktion der Religion, Frankfurt 1977; ders., Die Religion der Gesellschaft, Frankfurt 2000.

mit. Luhmann übernimmt für dieses Mitführen von Verweisungen den Begriff der Appräsentation aus der Phänomenologie Husserls. Sinn bedeutet dann die gleichzeitige Präsentation des Wirklichen und des Möglichen, indem alles, auf das intentional Bezug genommen wird, in einen Horizont anderer Möglichkeiten gestellt wird.

Strukturbildung und Beobachtung setzen Selektivität und Kontingenz notwendig voraus. Repräsentation bedeutet immer Reduktion und das Risiko des Verlustes. Das volle Ausmaß von Appräsentationen kann nie eingefangen werden, insofern ist der Verlust unvermeidlich.

Religion ist in Luhmanns Perspektive in genau dieser notwendigen Kontingenz verankert. Er nennt dies das Bezugsproblem der Religion. Die Funktion der Religion für das Gesellschaftssystem besteht der Luhmannschen Theorie zufolge darin, die unbestimmte und unbestimmbare Welt zahlloser Repräsentationen in eine bestimmbare zu überführen. Religion erfüllt diese Funktion in einem Prozess der Chiffrierung, in dem sie das Unbestimmbare – den Leerhorizont – verdeckt, ihn aber dadurch gleichzeitig mit erlebbar macht. Gott, Jenseits, Transzendenz sind solche Chiffren, mit denen das Unbestimmbare bezeichnet wird.

Wichtig daran ist, dass Religion es in Luhmanns Perspektive immer mit zwei Seiten zu tun hat und diese beiden Seiten zueinander ins Verhältnis setzt: Bestimmtes und Unbestimmbares, Immanenz und Transzendenz. Die dabei zugrundeliegende Bestimmung der Funktion von Religion – so Luhmann – „schließt es aus, in der Gewissheit, Festigkeit und Unerschütterlichkeit des Glaubens allein ein Maß der Religiosität zu suchen. Je sicherer, desto religiöser – eine solche Auffassung ließe sich gut in Empirie umsetzen, aber sie trifft [...] immer weniger zu. Gemessen an jener Vorstellung könnte Evolution nur heißen: Gewissheitsverlust und damit Religionsverlust. Von der Funktion her gesehen, bedeutet diese Entwicklung jedoch, daß die Formenwelt der Religion religiös nur noch erfahren und theologisch nur noch aufbereitet werden kann unter Einbeziehung einer Umkehrung – einer `Offenbarung in der Verborgenheit [...] im Sinne der absconditas sub contrario´. Das Religiöse muß sich nicht an der für es spezifischen Form, sondern gegen sie bewähren.“[25]

Wenn man diese Überlegungen im Hinblick auf empirische Forschungen ernst nimmt, hieße dies, dass man Religion nur in den Blick bekommt, wenn man auch den Horizont der Unsicherheit erfasst, der gewissermaßen die Rückseite der religiösen Symbolisierung darstellt. Ein Horizont, der durch religiöse oder quasi-religiöse Symbolisierungen – etwa in der Rede von der göttlichen Fügung, vom Schicksal oder vom Fluch – nur verdeckt, nicht aber beseitigt ist. Dies methodisch umzusetzen, ist insofern schwierig, weil man hier weniger explizite

[25] Luhmann 1977, a.a.O., 44f.

weltanschauliche Zuordnungen abfragen müsste, sondern „nebenbei“ anfallende Bemerkungen, Deutungen oder Verweise.

Um noch einmal auf die Bahnhofsumfrage des Studenten zu sprechen zu kommen: auf mögliche Gefahren bei der Jahrtausendwende angesprochen, fand sich bei einer sich als christlich bezeichnenden Befragten eine Wendung, die mir den Luhmannschen Gedanken gut zu illustrieren scheint: Nein, Angst vor irgendwelchen Katastrophen habe sie nicht, meinte diese Frau. Aber selbst wenn welche kommen sollten, würde sie sich da nicht verrückt machen. Man habe es schließlich nicht in der Hand. Es ist an dieser Stelle weniger interessant, ob die Frau nun apokalyptische Ängste hat oder nicht. Interessant ist, wie sie ihre Haltung beiläufig kommentiert. In dem Satz, man habe es nicht in der Hand, den man wohl in seinem Ursprung als religiöses Deutungsmuster bezeichnen kann, werden beide Seiten der Luhmannschen Definition erkennbar: das Unbestimmbare und das Bestimmte. Der offene Horizont von Dingen, die geschehen können, die unberechenbar sind. Aber auch die Bestimmung, die zumindest in der geprägten Form der Aussage implizit mitschwingt, dass – wenn auch nicht man selbst – so doch jemand anders die Dinge in der Hand hat.

Wenn man also – gewappnet mit der Luhmannschen Theorie – Religion untersuchen wollte, hieße dies, nicht allein nach der Befürwortung oder Ablehnung von Bestimmtheiten zu suchen, von Glaubensüberzeugungen und religiösen Praktiken. Sondern auch danach zu suchen, ob dieser Leerhorizont mitschwingt, von dem Luhmann spricht. Wenn man Religion erfassen will, dürfte man nicht allein nach „Identität“ Ausschau halten, sondern insbesondere nach dieser Spannung von Unbestimmbarkeit und Bestimmtheit. Von Religionslosigkeit wäre streng genommen erst dort zu reden, wo dieses Moment von Unbestimmbarkeit systematisch beseitigt oder bestritten wird und – als Folge davon – Chiffrierungen von Unbestimmbarkeit kommunikativ nicht mehr anschließbar sind. Zivilreligion ist in diesem Sinne keine Religion. Sie befindet sich, trotz aller Anleihen bei der religiösen Formenwelt, klar auf der Seite der Bestimmung.

Der Architekt Daniel Libeskind hat in seinem Bau des jüdischen Museums in Berlin dieses Zusammenspiel von Bestimmtheit und Unbestimmbarkeit meisterhaft in Architektur übersetzt. Er hat in das Haus sogenannte „voids“ – also Leerstellen – eingebaut: leere, düster und wüst wirkende Bereiche im Museum, in die man hineinsehen kann, die aber als Ausstellungsräume ungenutzt bleiben. Eine Art architektonisches Tohuwabohu. Libeskind markiert damit in einem Haus für Ausstellungen das, was nicht mehr ausgestellt werden kann von der Geschichte der Juden in Deutschland. Ich glaube, dass es auch an diesem ästhetischen Stilmittel der Repräsentation des Abwesenden liegt, dass man in dem Museum bisweilen das Gefühl hat, man befände sich in einem sakralen Raum.

Auf dem Feld der Kunst angelangt, möchte ich mit einem Beispiel aus einem Film schließen. Der DDR-Filmemacher Egon Günther erzählt in seinem 1965 gedrehten und kurz nach der Fertigstellung verbotenen Film „Wenn du groß bist, lieber Adam“ die Geschichte eines Jungen, der von einem Schwan eine Wunderlampe geschenkt bekommt. Diese Lampe hat die Eigenschaft, dass alle, die von ihr angestrahlt werden, während sie lügen, in die Luft fliegen. Man kann sich vorstellen, welches Durcheinander Adam mit seiner Lampe anrichtet und – noch schlimmer – anzurichten droht. Und es sind nicht nur die offensichtlichen Lügen und Übertreibungen, die mit der Lampe aufgedeckt werden. Ein Betriebsleiter entschwebt, als er gerade vermeintlich besonders authentisch seine eigenen Schwächen aufdeckt. Der Produktionsleiter des Betriebs, in dem Adams Vater als Ingenieur arbeitet, versucht nun aus der Not eine Tugend zu machen und gibt den Auftrag, die Lügenlampe in Massenproduktion herzustellen und die Verwendung zu monopolisieren. Jedoch: die hergestellten Lampen taugen nicht als Lügenlampen. Adams Vater gesteht gegenüber seinem Sohn, er sei doch irgendwie erleichtert über diesen Fehlschlag.

Der Versuch, das Unbestimmbare durch Bestimmung – in diesem Fall: durch industrielle Massenproduktion – gänzlich auszuschalten, ist sicher ein zentraler Aspekt von Religionslosigkeit. Bei welchen Gruppen aber und in welchen Kontexten diese Form der Religionslosigkeit letztlich anzutreffen ist, durch welche sozialen Umstände sie gefördert wird und welche sozialen Folgen sie hat, ob sie mit Entkirchlichung oder Entchristlichung zwingend einhergeht oder nicht, das sind Fragen, die es empirisch zu beantworten gilt. Und es bedarf dafür eines methodischen Instrumentariums, das sensitiv genug ist, um diese Fragen zu beantworten.

Die unsichtbare Religion in der sichtbaren Religion. Zur Alltagsreligiosität evangelischer und katholischer Christen in Franken

Christoph Bochinger

Im folgenden Beitrag werden Zwischenergebnisse eines interdisziplinären Forschungsprojekts über spirituelle Orientierungen in Oberfranken vorgestellt. Das Projekt schließt an die Debatte über den Wandel des Religiösen in der Moderne an, die in der Religionssoziologie mit den Leitworten „Säkularisierung“ und „Individualisierung“,[1] in der Religionswissenschaft als „religiöser Pluralismus“ und „Synkretismus“ gekennzeichnet wird.[2] Es geht von der Beobachtung aus, dass sich Religionspluralismus und Deinstitutionalisierung nicht nur auf dem freien Markt von „New Age“ und Esoterik, sondern ebenso innerhalb der Kirchen auswirken. Auch dort, wo traditionelle religiöse Institutionen noch wirksam sind, findet ein Wandel des Religiösen statt. Dieser Wandel zeigt sich nicht so sehr im Gottesdienst und anderen Manifestationen der ‚offiziellen‘ Religionsausübung als in der Alltagsreligiosität der Menschen, ihren Wertvorstellungen und ihrem Handeln. Der Sachverhalt als solcher ist aus vor allem quantitativen empirischen Untersuchungen wohlbekannt.[3] Unklar ist jedoch, wie die Menschen die disparaten Elemente ihrer Alltagsreligiosität zusammenfügen, warum sie weiterhin Kirchenmitglieder sind, wie sie dies selbst verstehen und nach welchen Kriterien sie ihr religiöses Leben mit seinen unterschiedlichen Facetten ordnen. Die Beantwortung dieser Fragen hat entscheidenden Einfluss auf die Prognose, ob und wie sich die Kirchen als traditionelle religiöse Institutionen weiterentwickeln werden.

Das vorliegende Projekt versucht mit vornehmlich qualitativen Methoden, diesen Fragen nachzugehen. Wir wählten für unser Vorhaben bewusst eine Region, die noch relativ stark konfessionell geprägt ist, und interviewten (mit einigen Ausnahmen) katholische und evangelische Kirchenmitglieder. Zu unserem Er-

---

1 Vgl. als Überblick K. Gabriel (Hg.), Religiöse Individualisierung oder Säkularisierung. Biographie und Gruppe als Bezugspunkte moderner Religiosität, Gütersloh 1996.

2 Vgl. z.B. H. G. Kippenberg, Die Entdeckung der Religionsgeschichte, München 1997, bes. 259ff; H. P. Siller (Hg.), Suchbewegungen. Synkretismus – kulturelle Identität und kirchliches Bekenntnis, Darmstadt 1991.

3 Vgl. z.B. K. Engelhardt, H. von Loewenich, P. Steinacker (Hg.), Fremde Heimat Kirche. Die dritte EKD-Erhebung über Kirchenmitgliedschaft, Gütersloh 1997; P. M. Zulehner, H. Denz, Wie Europa lebt und glaubt. Europäische Wertestudie, Düsseldorf, 2. Aufl. 1994.

staunen fanden wir dabei fast die ganze Bandbreite religiöser Orientierungen wieder, die aus großstädtischen Kontexten mit weit niedrigerer Kirchenbindung bekannt sind.

Der folgende Aufsatz gliedert sich in vier Schritte: Zunächst wird der interdisziplinäre Forschungsrahmen erläutert, dann folgt eine genauere Darstellung der Ausgangsfrage. Im dritten Abschnitt stelle ich einige Ergebnisse dar, und im vierten werden einige vorläufige Schlussfolgerungen zur Zukunft kirchlicher Religiosität gezogen.

1. Religiöse Gegenwartskultur zwischen Theologie, Religionswissenschaft und Soziologie: zum Kontext der Fragestellung

Forschungsfragestellungen haben ihren Hintergrund in der Wissenschaftslandschaft, aus der sie jeweils erwachsen. Das im folgenden skizzierte Projekt ist geprägt von dem spezifischen Kontext der Religionsfächer an der Universität Bayreuth. Es handelt sich um die einzige staatliche Universität in Bayern (mit Ausnahme der Technischen Universität München), an der es weder eine katholisch- noch eine evangelisch-theologische Fakultät gibt. Die drei evangelisch-theologischen und zwei katholisch-theologischen Lehrstühle sind vielmehr Teil einer kulturwissenschaftlichen Fakultät. Innerhalb dieser Fakultät bilden sie zusammen mit zwei nicht-theologischen Professuren, dem Lehrstuhl für Religionswissenschaft und der Professur für Religiöse Sozialisation und Erwachsenenbildung, die „Facheinheit Religion".

Was aus der Sicht theologischer Fakultäten als Mangel erscheint, hat seine spezifischen Vorteile, besonders bei der Arbeit in Grenzbereichen zwischen Theologie und kulturwissenschaftlichen Fächern sowie bei konfessionsvergleichenden Fragestellungen. Dies gilt für Lehre und Forschung gleichermaßen. So entwickelte die Facheinheit einen neuartigen Bachelor/Master-Studiengang „Kulturwissenschaft mit Schwerpunkt Religion", der auf lebhafte Nachfrage stößt. Er kombiniert Elemente aus unterschiedlichen Fächern über Christentum wie nicht-christliche Religionen, historische wie gegenwartsbezogene Fragestellungen, theologische, religionswissenschaftliche, orientalistische und auch religionskritische Zugänge. Er versucht damit, traditionelle Gräben und Wahrnehmungsverzerrungen zwischen den Disziplinen wie auch zwischen konfessionellen Orientierungen zu überbrücken. Das gemeinsame Interesse der Fachvertreter besteht darin, die Unterschiede zwischen den Disziplinen und Tätigkeitsfeldern nicht zu verwischen, sondern sie durch kontinuierliche Zusammenarbeit besser zu verstehen und eine differenzierungsfähige Wahrnehmung zu entwickeln.

Das Forschungsprojekt, von dem ich im Folgenden berichte, ist in diesem Sinne interdisziplinär angelegt. Es wird von der Deutschen Forschungsgemeinschaft mit zwei Projektstellen gefördert und hat den Titel: „Die unsichtbare Religion in der sichtbaren Religion. Formen spiritueller Orientierungen bei evangelischen und katholischen Christen in Franken.“[4] Wir führten themenzentrierte narrative Interviews mit etwa 65 Individuen und einige Gruppendiskussionen. Diese wurden durch eine ausführliche Nachfragephase mit einem thematischen Leitfaden ergänzt. Eine erste Erzählphase diente der Erhebung der Referenzstruktur der Gesprächspartnerinnen und -partner. Zusätzlich wurde eine Fragebogenumfrage in den katholischen und evangelischen Bildungswerken der Region durchgeführt.

Die Interview-Transkripte wurden mit einem eigens entwickelten, flächigen Interpretationsverfahren unter Zuhilfenahme einer Auswertungssoftware erschlossen. Da wir qualitativ arbeiten, konnte es nicht darum gehen, repräsentative Angaben über Zugehörigkeiten, Mitgliederzahlen und Ähnliches zu ermitteln. Aufgrund der für qualitative Studien großen Zahl an Interviews haben wir andererseits darauf verzichtet, persönliche Entwicklungen zu rekonstruieren. Unsere Zielsetzung war daher nicht eine Typologie spiritueller Persönlichkeitsprofile. Vielmehr wollten wir zum einen die Struktur der religiös-spirituellen Angebote herausarbeiten, zum anderen Orientierungsprofile auf Seiten der Nutzer dieser Angebote ermitteln.

2. Unsichtbare und sichtbare Religion: die zugrundeliegende Fragestellung

Bevor ich auf die Ergebnisse unserer empirischen Arbeit eingehe, möchte ich die zugrundeliegende Fragestellung erläutern. Der Titel des Projekts knüpft an ein bekanntes Buch des Soziologen Thomas Luckmann aus den 60er Jahren an.[5] Luckmann wandte sich damit gegen die damals und noch heute weitverbreitete Vorstellung, dass die Religion im Zuge der modernen Säkularisierung allmählich aus der Gesellschaft verschwinde. Vielmehr handle es sich um einen Verlagerungsprozess. Religion verlagere sich aus ihrem traditionellen, kirchlich-institutionellen Rahmen in Bereiche der Gesellschaft, die traditionell nichts mit

---

[4] Das Projekt begann im September 1999 und läuft bis März 2002. Die Ergebnisse werden in einem Buch veröffentlicht. Das Projekt wird gemeinsam geleitet von Ottmar Fuchs (Kath. Theologie, Tübingen, früher Bamberg), Winfried Gebhardt (Soziologie, Koblenz, früher Bayreuth), Wolfgang Schoberth (Ev. Theologie, Bayreuth) und mir. Die beiden Mitarbeiter sind der Soziologe Martin Engelbrecht und der Diplom-Theologe Johannes Först. Als kooptierte Mitglieder arbeiten mit Ingrid Schoberth (Ev. Theologie, Wuppertal) und Bernhard Wolf (Beauftragter der Ev.-Luth. Kirche in Bayern für neue religiöse und geistige Strömungen, Bayreuth/Nürnberg).

[5] Vgl. T. Luckmann, Die unsichtbare Religion, Frankfurt am Main 1991 (engl. Original 1967). Zu seinem Ansatz vgl. die Einleitung von H. Knoblauch, Die Verflüchtigung der Religion ins Religiöse, ebd., 7-41.

Religion zu tun haben. Sie werde in diesem soziologischen Sinne „unsichtbar", dass sie nicht mehr in der überkommenen, institutionalisierten Form verortet werden kann. Die Kirchen bleiben sonntags leer, aber Religion findet trotzdem statt, vielleicht auf dem Fußballplatz oder im Theater, vielleicht beim samstäglichen Autowaschen oder bei der Bergtour im Sommerurlaub. Dem liegt ein sehr weiter, funktionalistischer Religionsbegriff zugrunde. Religion hat bei Luckmann die Funktion der Bewältigung von Transzendenzerlebnissen. Diese sind im Anschluss an Luckmanns Lehrer Alfred Schütz als Transzendierung der alltäglichen Erfahrungswelt zu verstehen.[6] Eine schneeglatte Autobahn, die die vorgesehene Fahrzeit zur Makulatur werden lässt, hat in diesem Sinne ebenso eine transzendierende Qualität wie das Weihnachtsfest, die Einhaltung von Fastenregeln, eine Hochzeitsfeier, die Geburt oder der Tod eines Angehörigen, ein Trance-Erlebnis oder eine Rave-Party. Jedes dieser Ereignisse konfrontiert den Menschen mit Bereichen der Wirklichkeit, die nicht in seiner praktischen Verfügbarkeit liegen. Die Konfrontation kann „von außen" kommen, etwa durch ein Naturereignis, oder sie wird vom Menschen selbst hergestellt, wie etwa beim Fasten. In jedem Fall gibt eine solche Transzendierung des Alltags dem Menschen Anlass, Distanz zu sich selbst zu nehmen und sich mit seiner Lebenswelt und ihren Grenzen auseinander zu setzen. Dadurch transzendiert der Mensch sich selbst in seiner biologischen Vorfindlichkeit, er wird so erst eigentlich zum Menschen, weshalb Religion für Luckmann eine Grundfunktion des menschlichen Daseins ist.

Im Gefolge der Luckmannschen Religionssoziologie sind zahlreiche empirische Arbeiten entstanden, die die unsichtbare Religion in verschiedensten Bereichen der Gesellschaft und der individuellen Lebenswelt aufzuspüren versuchten. Der Ansatz bot eine Möglichkeit, religionssoziologische Fragen aus ihrer kirchensoziologischen Engführung herauszuführen und „von unten", also aus der Perspektive individueller Handlungsorientierungen und nicht aus der Perspektive des theologisch Gewollten, anzugehen: Religion lässt sich nicht nur an Parametern wie Gottesdienstbesuch, Tischgebet, Katechismuskenntnis oder Ähnlichem messen, sondern sie zeigt sich in höchst unterschiedlicher, individueller Gestalt. Das gilt besonders für den religiösen Boom außerhalb der traditionellen Institutionen, der in Deutschland erst nach Erscheinen von Luckmanns Buch in ganzer Breite einsetzte. Ohne einen solchen weiten Ansatz würden die Ausdrucksformen dieser Art von Religion durch das kirchensoziologische Raster fallen. Luckmann hat daher direkt und indirekt stark prägend auf viele Arbeiten gewirkt, die sich seither mit Phänomenen im Bereich der neuen Religiosität, Esote-

---

[6] Vgl. A. Schütz und T. Luckmann, Strukturen der Lebenswelt, bes. Bd. 2, Frankfurt am Main 1984.

rik usw. befassten. Dazu rechne ich auch meine eigene Dissertation über „New Age".[7]

Allerdings hat die Luckmannsche Perspektive – wie jede andere auch – spezifische blinde Flecke zur Folge. Einer davon ist die weitgehende Ignorierung neuer Formen von Religiosität und Religion innerhalb der kirchlichen Sphären. Denn auch die Kirchen sind Teil der Gesellschaft, in der diese Formen entstehen, und selbstverständlich machen die Entwicklungen vor ihren Toren nicht Halt.[8] Im Gegenteil, manche neue Erscheinung wie etwa die starke Verbreitung des Zen-Buddhismus in Deutschland oder die derzeit modische Beschäftigung mit dem sogenannten Enneagramm ist vom binnenkirchlichen Raum aus in außerkirchliche gesellschaftliche Sphären gewandert und hat dabei eine bemerkenswerte, wenn auch unkonventionelle kirchliche Prägung erfahren. Im Fall des Zen-Buddhismus handelt es sich vor allem um katholische Mönche und Nonnen, die sich ursprünglich um eine Erneuerung und Vertiefung ihrer eigenen monastischen Spiritualität bemühten und nun die erworbenen Kenntnisse an Laien weitergeben; im Fall des Enneagramms ging die Entwicklung in Deutschland von einem bayerischen evangelischen Pfarrer aus, der sich um neuartige Seelsorgekonzepte kümmerte.[9]

Bei meinen Recherchen zum sogenannten New Age stellte ich darüber hinaus immer wieder fest, dass es eine entsprechende Präsenz neureligiöser Inhalte innerhalb der Kirchen auch weitab von solcher Vermittlung durch hauptamtliche und/oder theologisch geschulte Kirchenmitarbeitende gibt. Die apologetische Unterscheidung von christlichen und außerchristlichen Phänomenen in der Gegenwartsreligiosität war daher empirisch nicht zu halten, auch wenn das Bemühen um solche Unterscheidung theologisch nur zu verständlich ist.[10] Denn längst gibt es auch im Bereich der christlichen Kirchen vielfältige Formen freier „Theologiebildungen" von Seiten theologisch nicht-geschulter Kirchenglieder, die die ganze Bandbreite dessen in sich aufnehmen, was auf dem freien religiösen und weltanschaulichen Markt kursiert. Sie sind von keinem kirchlichen Lehramt und von keinem theologischen Gutachten zu kontrollieren, sondern entwickeln sich nach ganz eigenen Gesetzmäßigkeiten an der Basis. Dies ist – wohlgemerkt – nichts grundsätzlich Neues, wie man aus der religiösen Volks-

---

7 Vgl. C. Bochinger, „New Age" und moderne Religion. Religionswissenschaftliche Analysen, Gütersloh, 2. Aufl. 1995.

8 Vgl. dazu K. Hilpert (Hg.), Wiederkehr des Religiösen? Metaphysische Sehnsucht, Christentum und Esoterik, Trier 2001.

9 Vgl. R. Rohr und A. Ebert, Das Enneagramm, München, 36. Aufl. (!) 2000.

10 Vgl. z.B. die ökumenisch veranstaltete Buchreihe „Unterscheidung. Christliche Orientierung im religiösen Pluralismus" in den Verlagen Grünewald, Mainz, und Quell, Stuttgart.

kunde lernen kann.[11] Die empirischen Arbeiten in der Nachfolge Luckmanns neigen jedoch dazu, die Dimensionen unkonventioneller religiöser Praktiken und Ideen zu übersehen, soweit sie unter dem kirchlichen Dach stecken.[12]

Unser Projekt setzte an diesem Punkt an. Mit Oberfranken beschränkten wir uns bewusst auf einen geographischen Raum, der noch relativ stark kirchlich geprägt ist – katholisch im Gebiet des alten Bistums Bamberg, evangelisch im Raum um Bayreuth, Hof und Coburg. Gespräche im Vorfeld erweckten den Anschein, dass die konfessionelle Identität den Menschen auf beiden Seiten noch sehr wichtig sei. So wurden z.B. Dialektunterschiede zwischen Nachbarorten mit der Konfessionsdifferenz erklärt.[13] Solche Differenzen sind, wie die Dialektforschung lehrt, an sich nichts Besonderes, doch stellt die konfessionelle Begründung eine signifikante Interpretation dar. Mischehen waren in vielen Orten Oberfrankens bis in die 70er Jahre eine Seltenheit und sind bis heute nicht allzu häufig. Eine (evangelische) Wirtin in der Nähe der Konfessionsgrenze sagte uns, seit auf katholischem Gebiet eine große Diskothek aufgemacht habe, sei die Zahl der Mischehen in ihrer Gegend sprunghaft angestiegen. An dieser Einschätzung mag etwas Zutreffendes sein. Es bleibt daher abzuwarten, wie lange sich die überkommene Art der konfessionellen Identität halten wird – jedenfalls fanden wir bei manchen Interviewpartnern völlig andere Auffassungen.

Zumindest ist klar, dass auch in Oberfranken neben, in und manchmal gegen die konfessionellen Identitäten ganz andere Formen religiöser oder spiritueller Orientierung bestehen. Dies ist insofern überraschend, als uns zu Beginn unserer Arbeit mehrere Pfarrer und andere ortskundige Experten und Expertinnen sagten, wir sollten mit einem solchen Projekt besser in die Großstadt gehen, in O-

---

[11] Als Beispiel sei das Buch von O. Wiebel-Fanderl erwähnt: Religion als Heimat? Zur lebensgeschichtlichen Bedeutung katholischer Glaubenstraditionen, Wien 1993. Es handelt sich um eine Auswertung von Lebensberichten aus Österreich und Bayern, die in den 1970er und 1980er Jahren von überwiegend alten Menschen verfasst worden waren und z.T. bis vor den Ersten Weltkrieg zurückreichen. Aus den Lebenserinnerungen wird deutlich, dass es auch in früheren Zeiten, als sich etwa Dienstboten, Knechte und Mägde selbstverständlich an die religiösen Vorschriften wie Tischgebet und Gottesdienstbesuch zu halten hatten, durchaus differenzierte Einstellungen zu Religion und Religiosität gab. Das Reflexionsvermögen über solche Dinge ist also nicht erst die Errungenschaft der gegenwärtigen Generation. Der Unterschied besteht vielmehr darin, dass die gesellschaftlichen Sanktionierungen stark zurückgegangen sind. Fast niemand verliert heutzutage mehr seine Anstellung, wenn er nicht in die Kirche geht.

[12] Eine Ausnahme ist die quantitative Arbeit von K.-P. Jörns, Die neuen Gesichter Gottes. Die Umfrage „Was die Menschen wirklich glauben" im Überblick, Neukirchen / München 1997.

[13] So etwa Menschen aus Bad Berneck, einem evangelischen Ort, über den katholischen Nachbarort Marktschorgast.

berfranken würden wir kaum fündig werden. Damit hatten sie offensichtlich unrecht.

3. Hinweise zur Struktur der religiösen Gegenwartskultur aus der empirischen Studie

3.1 Vielgestaltigkeit des Feldes – Begrenztheit des Expertenwissens

Im Verlauf unserer Arbeit wurden wir an verschiedenen Stellen mit durchaus unerwarteten Resultaten konfrontiert. Eines davon war die Vielgestaltigkeit des Feldes, die uns zur Veränderung unseres ursprünglichen Forschungsdesigns zwang. Wir hatten zunächst beabsichtigt, eine vergleichende Gemeindestudie in jeweils drei katholischen und evangelischen Kirchengemeinden durchzuführen. Innerhalb dieser Gemeinden wollten wir je einen Hauptamtlichen, vier kirchlich engagierte und vier distanzierte Gemeindeglieder interviewen.

Zur Felderschließung führten wir zunächst Experteninterviews mit Pfarrern und anderen Kennern der Region. Dabei erhielten wir schnell eine Vielzahl wertvoller Informationen über die religiösen Strukturen Oberfrankens, dazu in einigen Fällen praxisgenerierte Theorieansätze in erstaunlicher Qualität. Wir waren verblüfft über die Distanzfähigkeit mancher unserer Experten (seien es Pfarrerinnen oder Pfarrer, Diakone und andere kirchliche Mitarbeitende, Heilpraktiker oder Drehpunktpersonen der Esoterik-Szene) bei der Darstellung ihrer jeweiligen Sicht der Dinge. Zugleich wurde jedoch deutlich, dass die dargebotenen Charakterisierungen der religiösen Lage höchst unterschiedlich und oftmals inkompatibel waren. Das bedeutet, dass auch die Experten nur eine sehr begrenzte Kenntnis dessen haben, was im Gebiet ihrer eigenen Kirchengemeinde bzw. in der eigenen Region vor sich geht. Jeder und jede zeichnet sich eine eigene „innere Landkarte", die in der Regel nur so weit reicht wie das eigene Interesse bzw. das Arbeitsgebiet. Wenn es etwa unter Konfirmandeneltern oder Brautpaaren Esoteriker gibt, ist dies oftmals Anlass für die betreffenden kirchlichen Hauptamtlichen, sich mit der zugehörigen Art von Spiritualität auseinander zu setzen. Hatte er oder sie damit persönlich keine Berührung, so erhielten wir häufig die Auskunft, in der betreffenden Gemeinde gebe es nichts dergleichen. Oft stellte sich dann auf anderem Wege heraus, dass das falsch war.[14]

[14] Einmal versicherte uns ein Pfarrer im Interview, es gebe in seinem Ort, einer Kleinstadt, außer den von ihm selbst angebotenen Meditationskursen keinerlei alternative spirituelle oder esoterische Angebote. Schon bei einer oberflächlichen Recherche in der Wartezeit auf den öffentlichen Nahverkehr nach dem Interview stieß der Interviewer jedoch auf andere Angebote.

Unsere Aufgabe war es daher, die verschiedenen ‚inneren Landkarten' zusammenzulegen und durch weitere Informationen, etwa aus Szene-Zeitschriften und ähnlichen Quellen, zu ergänzen. Dabei entstand ein höchst differenziertes Bild. Das gilt für die Region im Ganzen wie auch für jede einzelne Kirchengemeinde, die sich häufig als komplexes Konglomerat unterschiedlicher Spiritualitätsformen darstellte. Wir zogen daraus die Konsequenz, die ursprünglich geplanten Gemeindestudien fallen zu lassen, weil aufgrund der Vielfalt der Orientierungen eine plausible Auswahl von Gemeinden nicht mehr begründbar erschien. Statt dessen gingen wir dazu über, das Netz der Experteninterviews weiter auszudehnen. Gleichzeitig erweiterten wir unsere Experten-Kategorie auf Personen, von denen bekannt oder zu vermuten war, dass sie Erfahrungen mit alternativen spirituellen Wegen hatten. Im Schneeballsystem erarbeiteten wir eine Adressen-Datenbank. Vorzugsweise wurden Personen interviewt, die uns mehrfach empfohlen worden waren. Die Annahme, dass es sich dabei um Drehpunktpersonen spiritueller Szenen handeln könnte, bestätigte sich. In Ergänzung interviewten wir Menschen, die sich aufgrund eines gezielt platzierten Projektberichts in einer regionalen Esoterik-Zeitschrift bei uns gemeldet hatten. Schließlich führten wir Gruppeninterviews mit einer studentischen Gruppe in einer Hochschulgemeinde, einem Hospizverein, einer Enneagrammgruppe in einem Bildungswerk und anderen Gruppierungen mit spiritueller Grundlage durch.

Dabei stellte sich mit der Zeit ein gewisser Sättigungsgrad hinsichtlich der Bandbreite der spirituellen Angebote ein. Obwohl die „blinden Flecke" der anfangs interviewten Hauptamtlichen zur Vorsicht mahnen, dass eine vollständige Erfassung der spirituellen Orientierungen Oberfrankens auch einem Team von Wissenschaftlern nicht möglich sein wird, gehen wir doch davon aus, mit dieser Methode wesentliche Züge kennen gelernt zu haben. Zielsetzung der Arbeit ist es daher, die Vielfalt spiritueller Orientierungen durch eine plausible Typologie zu erschließen.

3.2 Auflösung der Parochialstrukturen? Zur kirchlichen Szene-Bildung

Ebenfalls in der ersten Forschungsphase machten wir eine weitere signifikante Beobachtung: Wir stellten immer wieder fest, dass gerade religiös engagierte Menschen sich nicht (mehr) an den Grenzen ihrer Parochien orientieren. So gibt es z.B. auf der Burg Feuerstein, dem Jugendzentrum der Erzdiözese Bamberg, eine ausgeprägte Personalgemeinde. Sie besteht größtenteils aus ehemaligen jugendlichen Teilnehmenden, die als Erwachsene den Kontakt beibehielten. Oft wirken sie nun ehrenamtlich in der Jugendarbeit mit und kommen dabei zugleich ihren eigenen religiösen Bedürfnisse in einem selbstgestalteten Umfeld nach. Nicht nur Hochzeiten, sondern bereits Silberhochzeiten wurden auf Burg Feuerstein gefeiert; Eltern organisierten eine eigene Gruppe zur Vorbereitung ihrer Kinder auf die Erstkommunion usw. Die Mitarbeitenden werden immer wieder von Besuchern mit solchen Anliegen konfrontiert, auch wenn sie ihre eigentliche Aufgabe in der Jugend- und nicht in der Erwachsenenarbeit sehen. Zu Beginn unserer Recherchen im Jahr 1999 versammelten sich Sonntag für Sonntag zum Gottesdienst zwischen 150 und 250 Menschen aus der ganzen Region, auch wenn gerade kein Tagungsangebot bestand. Ähnliches gibt es nicht nur auf Burg Feuerstein, sondern – katholischer- wie evangelischerseits – in zahlreichen kirchlichen Tagungshäusern, Hochschulgemeinden, in Taizé- oder Eine-Welt-Gruppen und anderen mehr informellen Initiativen.[15] Offenbar verlagern die Menschen die Bedürfnisse, für deren Befriedigung eigentlich die Parochien zuständig sind, auf selbstgewählte Orte und Zusammenhänge. Das führt zu einer kirchlichen Szene-Bildung, z.T. konfessionell sortiert, z.T. aber auch konfessionsübergreifend. Einzelne Initiativgruppen umfassen katholische, evangelische und konfessionslose Mitglieder. Manchmal sehen diese Mitglieder ihre Gruppe als die eigentliche „Gemeinde" an – egal ob sie formell Kirchenmitglied sind oder nicht. Mehrmals hörten wir zur Begründung die Aussage, die betreffende Gruppe sei eine sinnvolle Manifestation von „Kirche" – im Gegensatz zur anonymen Parochie. Aus evangelischer Tradition könnte man von einer neuen Variante der „ecclesiola in ecclesia" sprechen. Neu daran ist vor allem, dass – ganz anders als im Pietismus des 18. Jahrhunderts – die formelle Kirchenmitgliedschaft keineswegs eindeutig vorausgesetzt werden kann.

Noch in einer weiteren Hinsicht fanden wir Auflösungserscheinungen der herkömmlichen Parochialstrukturen: Viele Menschen beschränken ihre „spirituellen Aktivitäten" auf ganz bestimmte Ereignisse. Ein evangelischer Pfarrer erzählte uns, dass jedes Jahr Leute anrufen und fragen, wann der Bus nach Taizé fährt, der von der Gemeinde regelmäßig organisiert wird. Die Betreffenden halten sonst keinen Kontakt zur Gemeinde, sind aber treue Teilnehmer dieser einen Gemeindeaktivität. Ähnlich sagte uns ein Betreuer von Wallfahrten, dass die Menschen sich häufig etwa in diesem Sinne äußerten: „Ich geh' ja nicht oft in die Kirche, aber bei der Wallfahrt bin ich seit dreißig Jahren immer dabei, das können Sie mir glauben!"

Beide Phänomene, sowohl die „Verszenung" als auch die individuelle Beschränkung der Beteiligung am kirchlichen Leben, finden sich evangelischer- wie katholischerseits gleichermaßen, bei Progressiven wie Konservativen und quer durch alle denkbaren kirchlichen Einteilungsraster. Diese Ergebnisse sind

---

15 Zur Spiritualität von Dritte-Welt-Gruppen vgl. K. Gabriel, M. Treber (Hg.), Christliche Dritte-Welt-Gruppen. Herausforderung für die kirchliche Pastoral und Sozialethik (Wissenschaftliche Arbeitsgruppe für weltkirchliche Aufgaben der Deutschen Bischofskonferenz: Projekte. 6), Bonn 1998.

als solche auch aus quantitativen Studien bekannt.[16] Allerdings können wir mit unseren qualitativen Mitteln die Motive der beteiligten Menschen genauer erfragen.

3.3 Zur Funktion des Netzwerks: Anbieter und Nutzer spiritueller Angebote

Durch die Nachfragen in unseren Interviews entdeckten wir ein Netzwerk alternativer Spiritualitätsformen. Wichtige Knotenpunkte in diesem Netzwerk sind spirituelle Angebote kirchlicher Bildungswerke und ähnlicher Einrichtungen. Die Dozentinnen und Dozenten einschlägiger Kurse haben in der Regel selbst eine entsprechende biographische Entwicklung hinter sich. Sie geben nun an andere weiter, was sie zunächst in existentiellen Prozessen selbst „erfahren" und an sich ausprobiert haben. Aus der Fragebogenaktion in den Bildungswerken[17] ergab sich eine interessante Differenzierung: Während die kirchliche Einbindung der Nutzer alternativer Angebote eher hoch ist,[18] sind die Dozentinnen und Dozenten z.T. weitgereiste „Wanderer" zwischen verschiedenen spirituellen Welten. Manche von ihnen haben den kirchlichen Raum, z.B. kirchliche Bildungswerke und ähnliche Einrichtungen, nie verlassen, entwickelten aber gleichzeitig sehr eigenständige, mit offizieller Theologie nur schwer vermittelbare Weltbilder. Andere entfernten sich zwischenzeitlich weit von ihrer jeweiligen Kirche und sind später gereift zurückgekehrt. Nochmals andere wanderten, obwohl in der Jugend stark kirchlich geprägt, ganz aus dem kirchlichen Raum aus oder halten die Verbindung, wie uns in einem Fall offen gesagt wurde, nur aufrecht, weil sich daraus persönliche Vorteile ergeben. Schließlich gibt es alle möglichen Zwischenpositionen solcher Netzwerkpersonen, zu denen auch nicht wenige hauptamtliche kirchliche Mitarbeiter und Mitarbeiterinnen gehören.

---

16 Vgl. dazu M. N. Ebertz, Kirche im Gegenwind. Zum Umbruch der religiösen Landschaft, Freiburg, 3. Aufl. 1999.

17 Vgl. Kapitel 1 dieses Beitrags.

18 Dies dürfte ein Spezifikum von Erwachsenenbildungseinrichtungen kirchlich geprägter Gebiete sein. Eine parallele Untersuchung im Religionsprogramm der Münchner Volkshochschule im Rahmen eines Lehrforschungsprojekts ergab ein ganz anderes Bild: Etwa ein Drittel der Teilnehmenden sind nicht Kirchenmitglieder. Z.T. nutzen sie das Religionsprogramm der Volkshochschule erklärtermaßen als Ersatz für kirchengemeindliche Funktionen (die Ergebnisse des Lehrforschungsprojekts werden in Kürze in der Internet-Zeitschrift „bbrf – Bayreuther Beiträge zur Religionsforschung" erscheinen. Vgl. http://www.bbrf.de.

3.4 Profilgruppen religiöser Orientierung im Verhältnis zur jeweiligen Kirche

Aus arbeitspraktischen Gründen mussten wir unseren Fokus im weiteren Verlauf eingrenzen, da es sehr unterschiedliche Dimensionen von „unsichtbarer Religion“ innerhalb der Kirchen gibt. Die Aufgabe des ursprünglichen Vorhabens, eine Analyse einzelner Gemeinden durchzuführen, veranlasste uns zu einer systematischen Hilfskonstruktion im Rückgriff auf eingeführte kirchensoziologische Bezugsgrößen. Wir unterschieden zwischen vier charakteristischen Profilen der Menschen im Verhältnis zu ihrer jeweiligen Kirche. Es handelt sich dabei nicht um real existierende Gruppierungen, sondern um idealtypische Profilgruppen, denen nicht unbedingt ein Zusammengehörigkeitsgefühl bei den Beteiligten korrespondiert. Vielmehr geht es um gemeinsame Merkmale im Blick auf die Organisationsform der verschiedenen spirituellen Orientierungen.

Zur Konstruktion der Profilgruppen griffen wir zunächst auf die bereits in den 50er Jahren entwickelte Differenzierung zwischen „Kern“- und „Randgemeinde“ zurück,[19] die wir in den beiden Profilgruppen der „Kerngemeindefrommen“ und der „Kasualienfrommen“ zu operationalisieren versuchten. Als dritte Profilgruppe fassten wir die älteren und neueren Erscheinungen auf der traditionalistischen Seite der beiden Konfessionen zusammen, das Profil der „nonpluralen Traditionalisten“. Außerdem entwickelten wir eine neue, vierte Profilgruppe von Kirchenmitgliedern mit alternativen spirituellen Interessen. Es ist das Profil der „spirituellen Wanderer“, wie es sich uns im Netzwerk der spirituellen Anbieter und Nutzer zeigte. Dieser Profilgruppe galt unser eigentliches Augenmerk. Die anderen Profile haben im laufenden Projekt lediglich die Funktion, uns selbst und unseren Lesern die kirchen- und religionssoziologischen Besonderheiten der „Wanderer-Spiritualität“ besser deutlich zu machen und zu hinterfragen.

Wir sind uns bewusst, dass die Kriterien zur Einteilung der Profilgruppen heterogen sind: Es handelt sich zum Ersten um strukturelle kirchensoziologische Kriterien (Kirchennähe und -distanz), zum Zweiten um inhaltliche Kriterien im Blick auf die Haltung zu theologischen Fragen, zum Dritten um religiöse Handlungsmaximen. Die Analyse der einzelnen Interviews führte dementsprechend zu der Einsicht, dass es alle möglichen Kombinationen gibt: „wandernde Traditionalisten“, „traditionalistische Kasualienfromme“ usw. Aus heuristischen Gründen erschien uns gleichwohl, zumindest vorläufig, die Beibehaltung der vier Profilgruppen sinnvoll, öffnete sie doch den Blick für bisher kaum beachtete Konstellationen und erlaubte es so, quer zu den üblichen binnenkirchlichen

---

[19] Vgl. T. Rendtorff, Kirchengemeinde und Kerngemeinde. Kirchensoziologische Bemerkungen zur Gestalt der Ortsgemeinde (zuerst 1958), in: F. Fürstenberg (Hg.), Religionssoziologie, Neuwied 1964, 235-247.

Einteilungen die „unsichtbare Religion in der sichtbaren Religion" in verschiedenen Dimensionen aufzusuchen. Zugleich erhielten wir aus den Interviews zahlreiche Hinweise auf neue Fragestellungen bezüglich der drei erstgenannten Profilgruppen, die wir zwar im laufenden Projekt nicht eigens zum Thema machen können, wohl aber als Problemstellung aufzeigen und eventuell in Nachfolgeprojekten mit ähnlichem Zugang thematisieren wollen.[20] Im Folgenden seien daher alle vier Profilgruppen genauer charakterisiert:

(1) Die „Kerngemeindefrommen": Damit meinen wir Menschen, deren religiöses bzw. spirituelles Leben sich im wesentlichen am Leben der Parochie orientiert. Auf den ersten Blick handelt es sich hier um die „sichtbarste" Ausprägung von Religiosität. Bei einigen Interviews wurde jedoch deutlich, dass diese klassische Zuschreibung kaum zu halten ist, denn auch bei Gottesdienstbesuchern gibt es „unsichtbare" Sphären religiöser Orientierung, die sich nicht aus den angebotenen seelsorgerlichen Deutungsschemata erschließen. So war z.B. bei einem evangelischen Mesner-Ehepaar sehr schwer herauszufinden, was eigentlich die Motivation für das starke kirchliche, vornehmlich ehrenamtliche Engagement ist.

(2) Die „Kasualienfrommen": Gemeint sind Menschen, die fast keine Verbindung zur jeweiligen Kirche haben. Manchmal verwechseln sie Elemente ihrer eigenen mit denen der anderen Konfession. Trotzdem haben sie bekanntlich eine relativ geringe Neigung zum Kirchenaustritt. Dieser Profilgruppe entspricht die Mehrheit der Kirchenmitglieder, besonders auf der evangelischen Seite.[21] Obwohl dies bekannt ist, liegt die Frage im Dunkeln, warum eigentlich die Menschen so handeln, wie sie es tun. Was ist ihnen so wichtig an der Kirche, dass sie fast ohne Gegenleistung Monat für Monat Kirchensteuer bezahlen? Wohl mag z.B. der Wunsch nach der einstigen kirchlichen Bestattung oder die Möglichkeit, die eigenen Kinder taufen zu lassen, ausschlaggebend sein. Aber warum ist den Menschen der Zugriff auf die Kirche bei diesen wenigen Aspekten ihrer Lebens so bedeutsam, wenn sie ihr sonst offenbar keinen besonderen Wert zuschreiben? Zahlreiche Hauptamtliche beider Konfessionen wiesen uns auf diese Profilgruppe und ihre Eigentümlichkeiten hin, die ihnen in der Praxis oft Kopfzerbrechen bereitet. So besteht z.B. ein starkes Bedürfnis nach bestimmten Ritualen – mögen sie aus der Gottesdienst-Agende oder aus amerikanischen Fernsehserien stammen. Auch wird nicht selten heftige Kritik an kirchlichen Neuerungen ge-

---

[20] Ein erstes Nachfolgeprojekt wird zum 1.9.2001 mit Unterstützung der Erzdiözese Bamberg unter gemeinsamer Leitung von Joachim Kügler (Kath. Theologie I an der Universität Bayreuth) und mir beginnen. Es hat den Titel „Die unbekannte Mehrheit. Religiöse Sinn- und Handlungsorientierungen der ‚Kasualienfrommen' in der Erzdiözese Bamberg".

[21] Vgl. dazu, neben zahlreichen anderen Studien: Engelhardt, Loewenich, Steinacker (Hg.) 1997, a.a.O.

übt. Die Frage liegt weitgehend im Dunkeln, ob es sich bei den Eigentümlichkeiten dieser Profilgruppe lediglich um Schwundstufen von Kirchlichkeit handelt oder vielleicht um einen eigenen Religionstypus.

(3) Die „nicht-pluralen Traditionalisten“: Gemeint ist der sogenannte „rechte Flügel“, den es, wenn auch in unterschiedlicher Ausprägung, evangelischerseits wie katholischerseits gibt. Ähnlich wie bei den „spirituellen Wanderern“ (siehe unten) gibt es sowohl institutionalisierte als auch freie, manchmal gar eher anarchische Gruppierungen. Im evangelischen Bereich gibt es große evangelikal/pietistische und charismatisch/pentekostale Szenen, die sich stark überschneiden. Ein spektakulärer Sonderfall auf katholischer Seite ist der von zahlreichen, vor allem auswärtigen Pilgern als Marienerscheinungsort verehrte „heilige Berg“ in Heroldsbach bei Forchheim, der vor wenigen Jahren – nach heftigen Auseinandersetzungen um die kirchliche Legitimation in der Nachkriegszeit – von der katholischen Kirche als Gebetsstätte anerkannt wurde. Die Legitimation der erst neuerdings kirchlich geweihten Kapelle auf dem Grundstück, wo die Erscheinungen angeblich stattfanden, wird von den Erbauern in einer Inschrift ausdrücklich auf die Gottesmutter persönlich zurückgeführt: Maria habe diese Kapelle geweiht. Heroldsbach ist trotz seiner über die Frömmigkeitsstrukturen der Erzdiözese Bamberg weit hinausreichenden Sonderstellung ein gutes Beispiel für die eigentümlichen Verschränkungen zwischen kirchlicher und außerkirchlicher religiöser Orientierung, die auch in unsere Fragestellung der „unsichtbaren Religion“ hineinreicht. Selbst Esoteriker kommen nach Auskunft des zuständigen Pilgerseelsorgers neuerdings auf den „heiligen Berg“. Besonders die sogenannte „mystische Quelle“, die auf Anweisung der Gottesmutter von Mädchen in der Nachkriegszeit gegraben wurde, habe es ihnen angetan.

(4) Die „spirituellen Wanderer“: Auf diese Profilgruppe legt unser Projekt seinen Schwerpunkt, weil sich hier die Frage der unsichtbaren innerhalb der sichtbaren Religion am deutlichsten verfolgen lässt. Es handelt sich um Menschen, die sich bewusst und individuell auf die spirituelle Suche machen. Oft äußern sich die Interviewten sehr kritisch gegenüber bestimmten kirchlichen und theologischen Inhalten. Insbesondere die christliche Sündenlehre und andere Bestände der traditionellen Dogmatik werden häufig abgelehnt. An die Stelle der Dogmatik tritt die persönliche „Erfahrung“. Nicht Glauben, sondern Ausprobieren ist die Devise. Dies ist in der Regel nicht im Sinne der Rede von der „Spaßkultur“ zu verstehen. Es wird in vielen Interviews sorgsam begründet als Antwort auf eine kritische Analyse der eigenen Frömmigkeit und ihrer Abhängigkeit von Kirchenstrukturen, die als „leblos“, „eng“ und „statisch“ empfunden werden. Eine zentrale Kategorie dieser Profilgruppe ist die Rede vom religiösen oder spirituellen „Weg“. Gemeint ist ein individueller Weg, dessen Ziel, anders als etwa im pietistischen Bild vom „breiten“ und „schmalen Weg“, nicht unbe-

dingt festliegt. Das Motto ist vielmehr: „Der Weg ist das Ziel!“ Religiös ist, wer „auf dem Weg“ ist, wer immer wieder Neues ausprobiert, sich auf das eine und das andere einlässt und prüft, was für die eigene Entwicklung zu einem bestimmten Zeitpunkt gut ist. Unter den „Wanderern“ gibt es sowohl kirchlich Engagierte als auch stark Distanzierte. Auch hier gibt es Menschen, die fast nichts mehr mit ihrer eigenen kirchlichen Identität verbinden. Andererseits gibt es Menschen mit einer ausgeprägten Kirchenutopie. Diese Unterscheidung soll im nächsten Abschnitt eigens ausgeführt werden:

3.5 Kirchenutopie und Spiritualitätsutopie

Unter den „spirituellen Wanderern“ identifizierten wir nochmals zwei sehr unterschiedliche Orientierungsformen. Die eine Gruppe fanden wir bisher ausschließlich auf der katholischen Seite. Das mag z.T. mit den Rahmenbedingungen unseres Projekts zusammenhängen, hat aber zugleich strukturelle Gründe. Es handelt sich um Menschen, die oft stark kirchlich engagiert und jedenfalls eng mit der Kirche verbunden sind. Gleichzeitig sind sie äußerst kritisch gegenüber der Amtskirche, obwohl sie nicht im Entferntesten daran denken, aus der Kirche auszutreten. Wir nannten diese Menschen „Wanderer mit Kirchenutopie“. Sie teilen die ekklesiologischen Grundüberzeugungen der Kirchenlehre, aber sie sind auf der Suche nach einer anderen Gestalt der Kirche, die ihrer Utopie besser gerecht wird. Ein Teil dieser Menschen trifft sich in Hochschulgemeinden oder Bildungshäusern und ist daher nach außen hin ein Stück weit sichtbar, wenn auch außerhalb der normalen parochialen und Diözesanstrukturen. Ein anderer Teil jedoch lebt gänzlich ohne Institutionalisierungsform geradezu im „Untergrund“ und organisiert sich ähnlich wie manche Bürgerinitiative nach einem Aktionsprinzip von Fall zu Fall neu. Inhaltlich orientieren sich diese wandernden Kirchenutopisten häufig an dem, was auch andere „Wanderer“ praktizieren. Manche von ihnen sind esoterisch angehaucht, andere experimentieren mit Elementen nicht-christlicher Religionen usw. Soweit überhaupt erkennbar strukturiert, handelt es sich um Parallelstrukturen zur offiziellen Kirchenorganisation. Verbindend ist die Utopie einer „guten Kirche“ und die Kritik an den bestehenden Verhältnissen. Würde sich die offizielle Kirchenstruktur im Sinne dieser Gruppierungen ändern (z.B. durch die Einführung des Frauenpriestertum), wären ihre Mitglieder, so kann man vermuten, treue Diener und Dienerinnen der Kirchenleitung. Ihr Widerstand bzw. ihre Distanziertheit ist also nicht prinzipieller Art, sondern betrifft den „real existierenden“ Zustand kirchlicher Einrichtungen und Personalstrukturen. Neue spirituelle Formen, etwa alternative Rituale, sind hier eher Mittel zum Zweck, werden aber als solche gerne aufgegriffen und verselbständigen sich auch an vielen Stellen.

Evangelischerseits fanden wir unter den Befragten keine solchen wandernden Kirchenutopisten – abgesehen von manchen Pfarrern, Pfarrerinnen und anderen Hauptamtlichen z.B. in den Bildungswerken. Es mag sein, dass es auch unter evangelischen Laien ähnliche Erscheinungen gibt, aber wohl weniger in der Verbindung mit alternativen spirituellen Orientierungen, weshalb sie nicht in unser Gesichtsfeld traten. Außerdem ist wegen der stärker pluralen Kirchenstruktur das Moment der Einung durch das Gefühl einer gemeinsamen Differenz zur Kirchenleitung weit schwächer ausgeprägt als in der katholischen Kirche.

Eine zweite Gruppe der „Wanderer", die Evangelische wie Katholische umfasst, lässt keine solche Kirchenutopie erkennen. Das Interesse richtet sich mehr oder weniger ausschließlich auf die eigene Weiterentwicklung. Diese Menschen engagieren sich zwar z.T. in der Kirche, aber nur da, wo es ihren eigenen Interessen entspricht. Wir nennen sie „Wanderer mit Spiritualitätsutopie". Auch sie haben in der Regel religiös qualifizierte Vorstellungen einer besseren Welt, die aber keine erkennbare kirchliche Dimension beinhalten. Die Kirche dient diesen Menschen eher als willkommener Rahmen, um die eigenen Aktivitäten leichter durchführen zu können. Doch würden sie die gleichen Aktivitäten auch außerhalb jenes Rahmens praktizieren, wenn die Umstände anders wären.

4. Vorläufige Schlussfolgerungen zur Zukunft kirchlicher Religiosität

Unsere Untersuchung macht deutlich, dass sich das ermittelte Profil kirchlicher „Wanderer" in vielen Aspekten mit Entwicklungen überschneidet, die weit jenseits des kirchlichen Raumes zu finden sind. Daraus könnte man die These formulieren, dass sich jenseits der klassischen ekklesiologischen Strukturen ein oder mehrere neuartige Spiritualitätstypen entwickeln werden. Es gibt z.B. Indizien dafür, dass auch manche Muslime und Musliminnen entsprechende Ausdrucksformen entwickeln.[22] Da das Phänomen des „spirituellen Wanderns" gerade unter aktiven Kirchenmitgliedern auffällig verbreitet ist, wäre die Konsequenz dieser Entwicklung, dass wesentliche Elemente der Erneuerung des spirituellen Lebens irgendwo weitab von aller kirchlich-theologischen Aufsicht entstehen. Dies mag an sich in früheren Zeiten ähnlich gewesen sein, es gibt aber einen entscheidenden Unterschied: Unter dem Vorzeichen des faktisch gegenwärtigen Religionspluralismus gibt es keine zwingende Notwendigkeit dafür, dass solche spirituellen Erneuerungen später auch den kirchlichen Rahmen be-

---

22 Vgl. Y. Karakasoglu-Aydin, Muslimische Religiosität und Erziehungsvorstellungen. Eine empirische Untersuchung zu Orientierungen bei türkischen Lehramts- und Pädagogik-Studentinnen in Deutschland, Frankfurt am Main 2000; G. Klinkhammer, Moderne Formen islamischer Lebensführung. Eine qualitativ-empirische Untersuchung zur Religiosität sunnitisch geprägter Türkinnen der zweiten Generation in Deutschland, Marburg 2000.

fruchten werden. Die Entwicklungen könnten in ihrem inhaltlichen Kern unabhängig von den Kirchen weiter wachsen und diese lediglich als „Dienstleister" beteiligen, wenn z.B. ein Raum benötigt wird.[23] Am ehesten werden sich die „Kirchenutopisten" für die kirchliche Integration auch der Inhalte einsetzen – aber nur dann, wenn die Hoffnung auf eine Realisierung der jeweiligen Utopie stärker ist als die Frustration über die vermeintlichen Mängel der kirchlichen Gegenwart.

Zwei kritische Einwände müssen hier noch angefügt werden: Zum einen liegt es in der Natur eines qualitativen Projekts, dass wir keine Aussagen über die zahlenmäßige Verbreitung der „spirituellen Wanderer" machen können. Aufgrund unseres Auswahlverfahrens sind wir gezielt auf signifikante Biographien gestoßen. Es wäre daher verfehlt, von unseren Interviewpartnern auf den Rest des Kirchenpublikums zu schließen. Allerdings lässt sich durch die Bildungswerk-Umfrage wie auch einige Kontrollinterviews mit „Kerngemeindefrommen" zumindest zeigen, dass sich die von uns beschriebenen Phänomene in unterschiedlicher Intensität auch unabhängig von der Profilgruppe der „Wanderer" finden. Es wäre interessant, die Verbreitung dieser Phänomene in einem quantitativen Anschlussprojekt in beiden Kirchen genauer zu untersuchen.

Ein zweiter kritischer Einwand geht dahin, dass man aus den beobachteten gegenwärtigen Erscheinungen nicht auf die zukünftige Entwicklung des kirchlichen Lebens und der außerkirchlichen Spiritualitätsformen schließen darf. Blickt man zurück in die Kirchengeschichte, so stößt man zwar häufig auf eher kleine Avantgarden, die für die weitere kirchliche Entwicklung von großer Bedeutung waren. Ob jedoch unsere „Wanderer" eine solche Avantgarde bilden, wird sich erst im nachhinein zeigen.

Klar ist jedenfalls, dass die Kombination der ermittelten „Wanderer-Spiritualität" mit der gleichzeitig beobachteten Neigung der kirchlichen Landschaft zur „Verszenung" erhebliche Folgen für die Strukturen der Ortsgemeinden hat. Der Fehlschlag unseres anfänglichen Versuchs, plausible gemeindesoziologische Kriterien für die Feldklärung zu entwickeln, steht m.E. für sich. Der traditionelle Anspruch der Gemeinden, „Kirche vor Ort" für alle ansässigen Konfessionsangehörigen zu sein, wird zunehmend zur Fiktion.[24] Übrig bleibt

---

23 Zur Rede von der Kirche als „Dienstleistungsbetrieb" vgl. Ebertz 1999, a.a.O.

24 Die umstrittenen Pläne der bayerischen evangelischen Kirche, nach spätestens zehn Jahren die Gemeindepfarrer zu versetzen, könnten mit dieser Entwicklung zusammenhängen: Selbstverständlich sind auch Pfarrerinnen und Pfarrer in ihrer jeweiligen Gemeinde Teil der „Verszenungs"-Erscheinungen. Besonders augenfällig ist dies im Umkreis von Bayreuth bei den Angehörigen der „Gruppe Luther", einer binnenkirchlichen pietistisch-evangelikalen Bewegung. Es gilt aber genauso für „linke" wie für „rechte", frauenbewegte wie patriarchalische, liberale wie konservative Pfarrerinnen und Pfarrer. Ob die regelmä-

das, was Michael Ebertz die „Dienstleisterfunktion“ der Kirche nennt.[25] Das sind im Wesentlichen diejenigen Angebote, die zu Zeiten von den „Kasualienfrommen“ nachgefragt werden – außer den Kasualien im engeren Sinne wohl sicherlich der Gottesdienst am Heiligen Abend und beim dörflichen Feuerwehrfest, vielleicht auch noch das sonntägliche Angebot für das spontane Bedürfnis nach einem traditionellen Ritual. Diese Angebote stellen zugleich – zusammen mit den kirchlichen Aktivitäten auf übergemeindlicher Ebene, etwa im karitativen Bereich – das Rückgrat der Volkskirche dar. Aber das Volk wandert aus oder bleibt zu Hause, und insbesondere die Zuständigkeit der Kirche für die Begleitung biographischer Krisensituationen scheint grundsätzlich in Frage gestellt. Die Kirche im traditionellen Sinne stellt hier nur eines unter vielen Angeboten zur Verfügung. Sie ist privilegiert hinsichtlich der rituellen Gestaltung von Lebensübergängen (Taufe, Erwachsenwerden, Hochzeit, Beerdigung), hat aber die Deutungsmacht über diese Vorgänge verloren. Bei teilnehmender Beobachtung etwa von Traugottesdiensten kann man sich manchmal des Eindrucks nicht erwehren, dass beim Pfarrer, dem Hochzeitspaar und den Gästen gleichzeitig unterschiedliche „Filme“ ablaufen.

Wenn sich die Kirchen nicht selbst als bloße Dienstleister verstehen wollen, müssen sie genauere Kenntnis über solche Vorgänge gewinnen. Da die kirchlichen Hauptamtlichen Teil des Geschehens sind, brauchen die Kirchen im eigenen Interesse den „Blick über den Zaun“. Der Beitrag sollte zeigen, dass Religionswissenschaft und auch Religionssoziologie dazu gute Dienste leisten können – allerdings nur unter der Voraussetzung, dass die Beschränkung ihrer Arbeit auf religionsanalytische Fragen nicht durch pastorale oder theologische Erfordernisse unterlaufen wird. Wenn diese Voraussetzung erfüllt ist (dies muss im Forschungsprozess immer wieder thematisiert und gegebenenfalls neu ausgehandelt werden), können sich Theologie, Religionswissenschaft und Soziologie bei der Bearbeitung von Fragen der unsichtbaren wie der sichtbaren Religion sinnvoll ergänzen.

ßige Versetzung das richtige Rezept ist, um der „Verszenung“ der Gemeinden entgegenzuwirken, bleibt allerdings zweifelhaft, verstärkt es doch die ohnehin bestehende Neigung zur pluralisierenden Auflösung volkskirchlicher Identitäten.

[25] Vgl. Ebertz 1999, a.a.O.

Annäherungen an die Alltagsreligiosität Jugendlicher: Was Jugendlichen heilig ist*

Georg Hilger

1. Religiöse Deutungsmuster von Jugendlichen und Theologie

Person ist der Mensch von Gott her in unverfügbarer und unableitbarer Weise. Das begründet seine Freiheit und auch seine Verantwortung, in einem lebenslangen Bildungsprozess Subjekt zu werden. Geht das christliche Selbstverständnis und die christliche Theologie außerdem davon aus, dass es das Proprium des Menschen ausmacht, Subjekt auch am Du Gottes zu werden, so gilt es nachzufragen, wie sich diese Relation des Menschen zu Gott heute ausdrückt, und wo man ihr auf die Spur kommen kann. Vor diesem Hintergrund ist im Besonderen die Praktische Theologie mit der Frage nach der gelebten Religiosität konfrontiert, und vor einem solchen theologisch-anthropologischen Hintergrund gehört es zum erkenntnisleitenden Interesse der Religionspädagogik, die Kontexte zu untersuchen, in denen Subjektwerdung heute geschieht, bzw. nachzufragen, wie sie sich artikuliert und von welchen Faktoren sie beeinflusst wird. Schon aus theologisch-anthropologischen Gründen ergibt sich somit die religionspädagogische Aufgabe, die Heranwachsenden mit einem nicht vereinnahmenden Sehen in ihrem unverwechselbaren Personsein anzunehmen und in ihrem Prozess der religiösen Subjektwerdung wahrzunehmen.[1]

Auch wenn Theologie als Ganze in ihrem Interesse am umfassenden Heil der Menschen grundsätzlich praxisbezogen ist, sehen sich ihre praktisch-theologischen Disziplinen in besonderer Weise interessiert an den empirisch-wahrnehmbaren Phänomenen des gelebten Glaubens und Unglaubens, an den

---

* Eine Bearbeitung für das Theologische Forum in Bamberg unter Rückgriff auf meine Beiträge: Wahrnehmungsschulung für die Religiosität Jugendlicher – ein religionsdidaktisches Projekt im Horizont der enzyklopädischen Frage, in: W. Ritter, M. Rothgangel (Hg.), Religionspädagogik und Theologie. Enzyklopädische Aspekte (FS W. Sturm), Stuttgart 1998, 246-263 und: Was Jugendlichen heilig ist. Jugend, Religion und Kirche: ein schwieriges Verhältnis, in: K. Baumgartner (Hg.), Gemeinde gestalten, Regensburg 1999, 110–137.

[1] Vgl. unter anderen P. Biehl, Wahrnehmung und ästhetische Erfahrung. Zur Bedeutung ästhetischen Denkens für eine Religionspädagogik als Wahrnehmungslehre, in: A. Grözinger, J. Lott (Hg.), Gelebte Religion. Im Brennpunkt praktisch-theologischen Denkens und Handelns, Rheinbach-Merzbach 1991, 380-411, hier 405.

immer wieder neuen, unvermuteten und nicht vorhersehbaren Fragen der Menschen nach dem Grund, Sinn und Ziel ihres Lebens.

Für die religiöse Bildung bedeutet das, dass es z.B. im Religionsunterricht nicht darum gehen kann, den kirchlich gelehrten Glauben systematisch geordnet in Stoffpaketen „weiterzugeben" und dabei die Differenz zwischen gelehrtem und gelebtem Glauben zu übersehen. Religionsdidaktische Bemühungen haben ihren theologischen Ort in der kritisch-produktiven Vermittlung zwischen gelebter Religiosität und gelebtem Glauben (bzw. Areligiosität und Unglauben) auf der einen und dem gelebten und gelehrten Glauben der Kirchen auf der anderen Seite.

Religionspädagogik (und mit ihr Religionsdidaktik) ist als theologische Disziplin auf die Wahrnehmung von Praxis angewiesen.[2] Sie ist Voraussetzung für religionspädagogisches Handeln. Es ist darum sinnvoll, Religionspädagogik in einer Nähe zu einem bildungstheoretischen Kontext als „Wahrnehmungslehre" zu verstehen. Peter Biehl hat kürzlich diesen Vorschlag in die Fachdiskussion eingebracht: die bisherigen Varianten religionspädagogischer Grundlagentheorie (religionstheoretische, handlungstheoretische und bildungstheoretische) seien zu erweitern um den phänomenologischen Ansatz einer Wahrnehmungslehre.[3] Unter dem Vorzeichen einer ästhetisch inspirierten Religionsdidaktik[4] bekommt dann die Frage, wie Lehrende Wahrnehmungskompetenz für die Phänomene subjektiver Religiosität von Jugendlichen gewinnen können, eine hohe Bedeutung. Es handelt sich hierbei um einen Ernstfall religionsdidaktischer Ästhetik als Wahrnehmungslehre, für die es keine theologische Hermeneutik und erst recht keine theologischen Deutungen gibt, gilt es doch weithin unbekannte und vor allem äußerst komplexe Phänomene der Alltagsreligiosität wahrzunehmen, die nicht nur für die Religionspädagogik, sondern auch für die Theologie insgesamt relevant sind. Wenn sich die Religionspädagogik komplexen Phänomenen wie z.B. Ausdrucksformen subjektiver Religiosität annähern und sie deuten will, dann benötigt sie neben empirischen, hermeneutischen und ideologiekritischen auch phänomenologische Erkenntniswege. Religionspädagogik ist somit auch auf phänomenologische Analysen angewiesen. Im Dialog mit anderen theologischen Disziplinen ist Religionspädagogik als praktisch-theologische Disziplin in besonderer Weise Anwalt einer empirisch fundierten Analyse religiös relevanter

---

2 Vgl. R. Englert, Wissenschaftstheorie der Religionspädagogik, in: H.-G. Ziebertz, W. Simon (Hg.), Bilanz der Religionspädagogik, Düsseldorf 1995, 147-174, hier: 154.

3 Biehl 1991, a.a.O., 400.

4 Vgl. G. Hilger, Religionsunterricht als Wahrnehmungsschule. Überlegungen zu einer ästhetisch inspirierten Religionsdidaktik, in: G. Schmuttermayr, H. Petri, K. Hausberger u.a. (Hg.), Im Spannungsfeld von Tradition und Innovation (FS J. Kardinal Ratzinger), Regensburg 1997, 399-420.

Phänomene in heutigen Lebenswelten und einer situationsbezogenen Theologie. Sie lässt sich dabei von dem Vorurteil der theologischen Dignität der lebensweltlichen Äußerungen von Kindern und Jugendlichen leiten.

2. „Was Jugendlichen heilig ist“ – Wahrnehmungskompetenz für die Religiosität Jugendlicher

Der Zielsetzung, die Wahrnehmungsfähigkeit der Studierenden für die individuelle Religiosität von Schülern zu sensibilisieren, versuchte ein hochschuldidaktisches Projekt an der Universität Regensburg nachzugehen, das in den Jahren 1994 bis 1997 von den Lehrstühlen der Katholisch-Theologischen Fakultät (Didaktik der Katholischen Religionslehre, Prof. Hilger) und der Evangelischen Theologie (Religionspädagogik und Didaktik des Religionsunterrichts, Prof. Sturm, vertreten durch Prof. Martin Rothgangel) durchgeführt wurde. Es sollte eine unserer Meinung nach grundlegende berufsvorbereitende Kompetenz vermittelt werden: sprachliche Äußerungen von Schülern von religionsdidaktischer Relevanz interpretieren zu können, das möglichst phänomengerecht und gegenstandsnah, um so Einblicke in die Lebenswelt von heutigen Jugendlichen im Schulalter bzw. in ihr subjektives Verhältnis zur Religiosität zu gewinnen.

Der Aufbau der Seminare soll hier nur in Stichworten angedeutet werden: zwei Vorbereitungssitzungen, bei denen Zielsetzungen und Arbeitsformen vorgestellt, didaktische Arrangements erklärt und erprobt wurden, wie Schüler mit Hilfe von Methoden des Kreativen Schreibens zu möglichst authentischen Texten zu dem Impuls „heilig ist mir“ angeregt werden, Unterrichtssituationen zur Erhebung der Schüleraussagen, ein Blockseminar, das sich auf Verfahren der Interpretation der mitgebrachten Texte konzentrierte, Einübung und Reflexion dieser Verfahren, Literaturstudium zu den gelernten qualitativen Methoden der empirischen Sozialforschung. Ein weiteres Blockseminar diente der Anwendung dieser Methoden unter einer neuen Fragestellung und der Konfrontation der bisher gemachten Entdeckungen mit theologischen, religionspädagogischen und pädagogischen Deutungsversuchen zu Phänomenen individueller Religiosität bei heutigen Jugendlichen.[5] Es sind von den Studierenden im Rahmen dieses Projekts und in der Folgezeit etwa 900 Texte gesammelt worden, in denen Schülerinnen und Schüler im Alter von 12 bis 17 Jahren geschrieben haben, was ihnen heilig ist. Warum ausgerechnet dieser Impuls?

---

5 Vgl. G. Hilger, M. Rothgangel, Wahrnehmungskompetenz für die Religiosität von SchülerInnen – ein Beitrag zum religionspädagogischen Perspektivenwechsel, in: Katechetische Blätter 122 (1997) 276-282.

Wenn die Lebenswelten von Kindern und Jugendlichen den primären Kontext beschreiben, in dem sich Subjektwerdung artikuliert, dann ist es auch die vorrangige Aufgabe der Theologie und der Praktischen Theologie im Besonderen, die jeweiligen Lebenswelten von Kindern und Jugendlichen als Orte ihrer Subjektäußerungen und ihrer Subjektwerdung zu untersuchen, um von hier aus Rückfragen auf das Selbstverständnis und die Artikulationsweise des Christentums und der christlichen Theologie zu stellen. Religionsdidaktik ist dann nicht einfach „Anwendung" von biblisch-historischer und systematischer Theologie, bei der sie als „Anwenderin" einer jeweiligen „Theologie von gestern"[6] nacheilen muss, sondern profiliert sich als theologische Disziplin, die auch Beiträge zu einer innovativen theologischen Forschung und Lehre leistet, welche ihrerseits zu einem interdisziplinären Gespräch mit anderen theologischen und außertheologischen Disziplinen herausfordern.

Zum anderen forciert der Impuls „Was ist mir heilig?", die religiöse Dimension der Lebenswelten von Kindern und Jugendlichen im ursprünglichen Sinn des Wortes transparent zu machen. Inhaltlich trifft der Begriff „heilig" das Herz jeder Religion und ist auch ein theologisch bedeutungsvoller Begriff. Das soll hier wenigstens angedeutet werden, wie es auch gilt, eine Skizze zu liefern, in welcher Perspektive das Phänomen des Heiligen für die Frage nach dem Theorie-Praxis-Verhältnis interessiert.

Es kann an dieser Stelle nicht darum gehen, die Diskussion um das Heilige, über den vermeintlichen Untergang bzw. die unvermutete Wiederkehr des Heiligen, die ja gerade angesichts der Modernitätskritik hochaktuell ist, darzustellen. Dass die „Heiligkeit des Lebens" in der ökologischen und bioethischen Diskussion eine bedeutsame Rolle spielt, und dass auch die „Heiligkeit der Natur" (bei manchmal bedenklicher Abwertung des Menschen als Verantwortungsträger) wieder ein Thema ist, das soll hier nur angedeutet werden.

Paul Tillich rückt zu Beginn unseres Jahrhunderts den Begriff des Heiligen in das Zentrum der Theologie. Ihr Gegenstand ist das, was uns unbedingt angeht, was über Sein und Nicht-Sein entscheidet.[7] Nur das, was heilig ist, kann den Menschen unbedingt angehen, und nur das, was den Menschen unbedingt angeht, hat die Qualität der Heiligkeit. Auch er sieht, wie z.B. Rudolf Otto, dass das Heilige der Erfahrung zugänglich ist, als höchste und zugleich tiefste Erfahrung. Spätestens seit Rudolf Otto ist das „Heilige" ein Grundwort der Religionswissenschaft. Mit seinem 1917 in 1. Auflage erschienenen Buch „Das Heilige" hat er eine disziplinübergreifende Diskussion über den Begriff des Heiligen

---

[6] Vgl. E. Paul, H. Steinkamp, Praktische Theologie, in: E. Feifel (Hg.), Kommission „Curricula in Theologie" des Westdeutschen Fakultätentags, Zürich 1975, 136-144.

[7] Vgl. P. Tillich, Systematische Theologie, Bd. I, Stuttgart, 3. Aufl. 1956, 19f.

ausgelöst. Rudolf Otto sucht das Religiöse dort, wo es gelebt und erlebt wird, in der religiösen Erfahrung. Er schaut als Religionsphänomenologe auf das religiöse Leben, so wie es ist und sich ausspricht, und weist auf die psychische Erlebbarkeit des Heiligen hin. Das Heilige als das Numinose lässt sich erfahren als erschreckendes, schauervolles Geheimnis und in der Spannung zum geheimnisvoll Anziehenden: als *mysterium tremendum* und zugleich *fascinans*.[8] Diese Polarität des *mysterium tremendum et fascinosum* greift 50 Jahre nach Rudolf Otto auch Klaus Hemmerle auf, wenn er vom „Schauernd-Beseligenden", von Abstoßung und Anziehung in einem spricht.[9] In einer phänomenologischen Denktradition der Religionsphilosophie lässt sich Religion allgemein als Umgang und Begegnung mit dem Heiligen bezeichnen, wobei das „Heilige" in theologischer Formulierung mit dem Namen „Gott" genannt werden kann. Religionsphänomenologisch gesehen gibt sich das Heilige zu erfahren, ist so der Erfahrung des Menschen und auch seiner reflexiven Selbstvergewisserung zugänglich.

Eine grundlegende Frage, die die Fundamentaltheologie und im gleichen Maße auch die Praktische Theologie tangiert, ist in diesem Zusammenhang, ob sich das Heilige heute der Erfahrbarkeit entzogen hat, ob die prinzipiell gegebene Offenheit des Menschen für das Heilige „nur" verschüttet ist, so dass es nicht mehr vernehmbar ist, oder ob das Heilige eine neue Gestalt angenommen hat, die von Theologen und Religionswissenschaftlern (noch) nicht wahrgenommen worden ist.[10]

Das Heilige setzt eine Vernehmbarkeit und einen Horizont voraus. Dieser ist nicht nur im Kult und im Mythos gegeben, also nicht nur zu finden im Sakralen als einem vom Profanen abgegrenzten Raum. Zumindest in der christlichen Tradition sind Sakralität und Profanität keine Abgrenzungsmerkmale von Heiligem und Nicht-Heiligem. Wesentlicher scheint mir, die Unverfügbarkeit des Heiligen zu betonen in Abgrenzung zu einem Verfügen-Wollen. Heiliges ist nicht mehr heilig, wenn es – sei es in theologischen Formeln oder in der Grundhaltung des Haben-Wollens – verfügbar und beherrschbar wird. Offenheit für das Heilige setzt also auch eine bestimmte Denkform voraus: eine Achtsamkeit auf das, was ist. Es ist ein Denken, das zulässt, dass sich etwas zeigt. Klaus Hemmerle unter-

---

[8] Vgl. R. Otto, Über das Irrationale in der Idee des Göttlichen und sein Verhältnis zum Rationalen, München 1963, 5-37.

[9] Vgl. K. Hemmerle, Art. Das Heilige. II.: Die Frage nach dem Heiligen, in: K. Rahner, A. Darlap u.a. (Hg.), Sacramentum Mundi, Freiburg 1968, Bd. II, 577-582, hier 579f.

[10] Vgl. J. Splett, Art. Das Heilige. I.: Problemgeschichte, in: Rahner, Darlap u.a. (Hg.) 1968, a.a.O, Bd. II, 576f, hier 577.

scheidet in diesem Sinne ein „fassendes" von einem „lassenden" Denken, das offen sein kann für das, was sich gibt.[11]

Um das Denken des Heiligen bewegen sich auch die Reflexionen Carsten Colpes „Über das Heilige". „Das Heilige" ist für ihn ein „Zauberwort", das imstande ist, unsere Welt, vielleicht sogar *die* Welt zu verzaubern.[12] Von der erkenntnistheoretischen Position Immanuel Kants ausgehend ist für Colpe „das Heilige" ein Begriff, der a priori, also vor aller Erfahrung, es dem Menschen ermöglicht, eine Wirklichkeit oder Wahrnehmung als „heilig" bzw. „das Heilige" zu benennen.[13] Diese Annahme ermöglicht ihm auch die Verbreiterung der Phänomenbasis der Wahrnehmung von Heiligem, das sich in vielerlei Zusammenhängen und auf neue Weise darstellt: nicht nur das Erhabene und Numinose, auch das Interessante und der Ernstfall,[14] Ekstase und Trance, Sexualität und Askese, Unschuld und Weisheit, das Charismatische und magische Begabungen können heilig sein.[15]

Auch wenn man die (erkenntnistheoretischen) Festlegungen des Heiligen als Begriff a priori nicht teilen kann, erlaubt es die scharfsinnige Argumentation von Colpe, dass „das Heilige" selbst noch als vorhanden angenommen werden kann, wenn es nicht mehr zur Benennung aktueller Erfahrungen dient. Es ist sicher noch zu klären, was das in letzter Konsequenz für eine erfahrungsbezogene Theologie bedeutet.[16]

Versucht man also der Frage nachzugehen, ob und wie das Heilige heute zu erfahren ist, müssen sich christliche Theologie und ihre praktischen Disziplinen im besonderen darum bemühen, Möglichkeiten zu finden, die die Vernehmbarkeit des Heiligen aufspüren.

Mit dem Impuls „heilig ist mir" haben wir den Schülerinnen und Schülern eine Kategorie vorgegeben, die für viele von ihnen wahrscheinlich so etwas wie eine potentielle Kategorie war, mit deren Hilfe sie aber wieder etwas in ihr Bewusstsein heben konnten, was sie vorher vielleicht noch nie als „heilig" bezeichnet haben.

---

[11] Vgl. K. Hemmerle, Das Heilige und das Denken. Zur philosophischen Phänomenologie des Heiligen, in: B. Casper, K. Hemmerle, P. Hünermann (Hg.), Besinnung auf das Heilige, Freiburg 1976, 9-123, hier 22ff.

[12] Vgl. C. Colpe, Über das Heilige. Versuch, seiner Verkennung kritisch vorzubeugen, Frankfurt 1990, 7.

[13] Vgl. Colpe 1990, 19-24.

[14] Vgl. Colpe 1990, 50-54.

[15] Vgl. Colpe 1990, 67-71.

[16] Einen informativen Einblick in die differenzierte Argumentation Colpes gibt E. Feil, Neues Interesse am „Heiligen". Heutige Annäherungsversuche an eine religiöse Grundkategorie, in: Herder Korrespondenz 47 (1993) 423-428.

„Der Begriff `Heilig´ steht bei mir nicht unmittelbar in Verbindung mit Kirche, da ich vieles im Glauben und in der Kirche eher für `Schein´-heilig halte. Heilig ist für mich alles was ich Liebe[17] und wichtig brauche.“ (9. Klasse)

Der Impuls „heilig ist mir“ hat sich, wie weiter oben angeklungen ist, schon mehrfach bewährt als Zugang zur Lebenswelt von Kindern und Jugendlichen und zu ihrem subjektiven Verhältnis zur Religiosität im weitesten Sinne. Zum einen zeigt das die folgenreiche Ausstellung in der „Neuen Galerie – Sammlung Ludwig“, Aachen anlässlich des 89. Deutschen Katholikentages und der Aachener Heiligtumsfahrt unter dem Titel „Das ist mir Heilig“ (BDKJ 1983). Die Initiatoren wollten mit dieser Ausstellung Verständnis wecken für die Lebenswelten von Jugendlichen. Es wurden in dem Museum parallel zu einer Ausstellung mit avantgardistischer Malerei (Antonio Saura, Arnulf Rainer) 50 Objekte von Jugendlichen ausgestellt: vom Teddybären bis zum Rosenkranz. Diese Ausstellung mit den Heiligtümern Jugendlicher fand eine überraschende Resonanz, löste heftige Debatten zwischen den Generationen aus über das, was Jugendlichen heilig ist, und zur Angemessenheit des Begriffs „heilig“. Im Jahre 1993, zur nächsten Heiligtumsfahrt, wurde dieser Impuls Anlass für viele Schulklassen und Jugendliche, Gegenstände zusammenzutragen, Bilder zu malen und Texte zu schreiben.[18]

Das hochschuldidaktische Projekt versuchte deshalb mit demselben Impuls, noch einmal nach Ausdrucksformen der Religiosität von Kindern und Jugendlichen in den Kontexten ihrer Subjektwerdung zu fragen, um auf diesem Hintergrund die Frage stellen zu können, was Christentum und Religion zur Subjektwerdung des Einzelnen beitragen können.

3. Ansätze zu einer Phänomenologie des Heiligen aus der alltagstheoretischen Perspektive von Jugendlichen

3.1 Phänomennahe Wahrnehmung des lebensgeschichtlich und lebensweltlich Heiligen

In seinem Aufsatz „Auf der Suche nach dem `Religiösen´. Reflexionen zu Theorie und Empirie religionssoziologischer Forschung“ fordert Joachim Matthes, Religion und Religiosität als diskursive Tatbestände zu betrachten, als Tatbestände also, die sich im gesellschaftlichen Diskurs erst konstituieren. Das bedeu-

---

[17] Orthographische Fehler wurden in allen übernommenen Texten der Jugendlichen nicht korrigiert.

[18] Vgl. G. Reilly, Was (jungen) Menschen heilig ist, in: ru. Ökumenische Zeitschrift für den Religionsunterricht 1995, Nr. 1, 1-3 (Editorial zum Themenheft: „Was Menschen heilig ist“).

tet, dass Religion und Religiöses nicht als etwas zu untersuchen ist, was es als eindeutig Identifizierbares gibt, sondern was sich im Gespräch, im Nachdenken, z.B. der Befragten, als etwas herausstellt, was von ihnen als religiös betrachtet werden kann.[19]

Übertragen auf unsere Befragung mit dem Impuls „Heilig ist mir", bedeutet das, dass damit gerechnet werden kann und darf, dass erst im Nachdenken über diesen Impuls von Jugendlichen etwas als „heilig" betrachtet wird, was vorher vielleicht noch nie von ihnen in diesen thematischen Bezugsrahmen gebracht worden ist. Es ist durch den Impuls vielleicht etwas evoziert worden, was die Schüler als „heilig" zu benennen sich dann veranlasst sahen.

Es gibt gute Gründe anzunehmen, dass sich ihr Umgang mit dem Modus des Heiligen zumindest teilweise unterscheidet von dem, was im innerkirchlichen und im theologischen Kontext und in der Religionswissenschaft üblicherweise als heilig gilt. Wir nehmen auch an, dass den Befragern und auch den Religionslehrern und Religionslehrerinnen weithin unbekannt ist, was Schüler als heilig bezeichnen und was sich wohl auch unterscheidet von dem, was sie selber als solches ansehen. Es ging uns um eine möglichst phänomennahe Wahrnehmung, wie sich Heiliges lebensgeschichtlich und lebensweltlich im Alltag der Schüler und in ihrer Perspektive zeigt. Lebenswelt meint hier die soziale Eingebundenheit des Individuums in die Vollzüge des alltäglichen Lebens und in die biographisch-persönlichen Zusammenhänge des individuellen Lebens.[20]

Mit dem Impuls wurde ein „Möglichkeitsraum" aufgesucht und abgesteckt, was m.E. auch von der Sache her legitim ist. Es gibt darum keine eindeutig feststehenden Indikatoren für „heilig".[21] Uns interessierte aus religionsdidaktischen Interessen, wie Jugendliche heute *heilig* konnotieren.

---

[19] Vgl. J. Matthes, Auf der Suche nach dem Religiösen. Reflexionen zu Theorie und Empirie religionssoziologischer Forschung, in: Sociologia Internationalis 30 (1992) Nr. 2, 129-175.

[20] Vgl. F. Schweitzer, Die Suche nach eigenem Glauben. Einführung in die Religionspädagogik des Jugendalters, Gütersloh 1996, 41.

[21] Es war wohl nicht nur Zufall, dass Klaus Hemmerle, Schüler und Nachfolger des großen Religionsphilosophen Bernhard Welte, als Bischof von Aachen anlässlich des 89. Deutschen Katholikentages 1986 in der „Neuen Galerie – Sammlung Ludwig" in Aachen die schon erwähnte Ausstellung zu eröffnen hatte, in der Exponate und Texte von Jugendlichen präsentiert wurden, die unter dem Vorzeichen „Das ist mir heilig" zusammengetragen worden waren. Hier sah sich der Fundamentaltheologe und Kirchenmann nun herausgefordert, das zu deuten, was Jugendliche als ihre Heiligtümer bezeichneten: vom Teddybär, Besen und Bett bis zum Rosenkranz und Kreuz. Konnte dort in den Exponaten und kann in den von den Studierenden gesammelten Texten angesichts der Krise von rein innerweltlich orientierten Singgebungsversuchen vielleicht so etwas wie eine „Wiederkehr des Heiligen" geortet werden? Klaus Hemmerle meint, einen durchaus vorhandenen „Ur-

Die Studierenden sind mit dem offenen Impuls „heilig ist mir“ (manche haben ihn abgewandelt in „heilig ist für mich“) in die Schulen gegangen. Sie sollten alles vermeiden, was ein Religionsstunden-Ich aktivieren könnte, und hatten häufig die Gelegenheit, die Schüler auch außerhalb des Religionsunterrichts zu befragen. Vor dem Gang in die verschiedenen Schulen erlernten und erprobten die Studierenden eine Methode des Kreativen Schreibens,[22] mit der sie in der konkreten Unterrichtssituation die Schüler anregen sollten, möglichst authentische Texte zu dem vorgegebenen Impuls zu schreiben. Was ist nun „heilig“ in der Perspektive der von uns befragten Schülerinnen und Schüler?

3.2 „Dinge, die mir heilig sind“ – Annäherung an einen Text eines 13-jährigen Mädchens

Als ersten Zugang zu einer Phänomenologie des Heiligen aus der alltagstheoretischen Perspektive von Jugendlichen stelle ich Ihnen einen der etwa 1000 Texte vor, die wir gesammelt haben. Es ist ein Text eines 13-jährigen Mädchens, der in einer Staatsexamensarbeit mit großer Sorgfalt interpretiert worden ist. Ich habe diesen Text ausgewählt, weil hier auch Gott und Kirche thematisiert werden von einem Mädchen, das sich in einer Phase der Auseinandersetzung befindet:

---

sinn für das Heilige“ behaupten zu können. Offenheit und Empfänglichkeit für einen solchen Ursinn für das Heilige habe jeder Mensch, der zugibt, er habe Heiligtümer. Wer das zugibt, drückt aus, dass er eine tiefere Erfahrung mit Menschen und den Dingen seiner Welt gemacht hat. Wer etwas als „heilig“ bezeichnet, setzt sich damit in eigentümlicher Weise in Beziehung zu etwas und setzt sich auch selbstreflexiv zu sich in Beziehung. Vgl. K. Hemmerle, Geleitwort zur Eröffnung der Ausstellung „Heiligtümer Jugendlicher in der Aachener Neuen Galerie am 2.9.1986, in: BDKJ im Bistum Aachen, Abteilung für kirchliche Jugendarbeit in der HA Gemeindearbeit des Bischöflichen Generalvikariates Aachen (Hg.), „Das ist mir heilig“. Ausstellung Heiligtümer Jugendlicher, Aachen, Altenberg o.J. (1986), 3-6, hier 3f. Nach K. Hemmerle sind es folgende Größen, die etwas zu einem persönlichen Heiligtum machen können, gewissermaßen als „Einstiege zum Heiligen“ (vgl. Hemmerle 1986, 5.): Geschichte als *Mut zur Erinnerung*, die sich abhebt von der Zufälligkeit des Augenblicks und das Ja zur Unverfügbarkeit der eigenen Geschichte. Einen weiteren „Einstieg zum Heiligen“ sieht K. Hemmerle in den *Knotenpunkten gelebter Beziehung*, in der Beziehung zu etwas, zu jemandem. Beziehung kann ich aufnehmen zu etwas, was sich von mir unterscheidet, schließlich kann Beziehung zur Begegnung werden, die den anderen heilt und heiligt und die mich heilt und heiligt. Als dritten „Einstieg zum Heiligen“ sieht Klaus Hemmerle die Kategorie *Maßstab-Werte*, die zeigt, dass nicht alles gleich gültig, egal ist.

22 Z.B. Clustering, nach G. Rico, Garantiert schreiben lernen, Reinbek bei Hamburg 1987, 27-49.

„Dinge, die mir heilig sind

- Familie: Das wird zwar im Alter immer unwesentlicher und manche denken als Eltern, dass sie vielleicht überflüssig sind, aber einen gewissen Grundstein braucht wohl jeder. Familie würde ich als Lebensgrundlage bezeichnen, ohne die ich kaum lebensfähig wäre.

- Freundschaft: Das ist nicht nur auf Freundinnen bezogen gemeint, obwohl es selbstverständlich auch hier sehr wichtig ist. Noch wichtiger wäre die Freundschaft zwischen Völkern und Menschen, auch wenn manche meinen das ginge nicht. Man kann sich mit jedem Menschen anfreunden, wenn nur beide wollen.

- Glaube: Es ist mir sehr wichtig zu wissen, dass immer jemand da ist, der mich beschützt. Das ist hier weniger die Kirche, weil ich sagen muß, dass es mir mehr gibt abends im Bett zu beten, als eine Stunde in der Kirche zu sitzen. Das läuft alles so auswendiggelernt ab, so programmiert. Es ist Quatsch, wenn man sagt, die Menschen würden sich von Gott wegbewegen. Sie bewegen sich höchstens von der Kirche weg. Es ist auch dumm zu sagen, junge Menschen sind unfromm oder sind sich zu cool zum Beten. Jeder betet, aber auf eine andere Weise und sogar zu einem anderen Gott. Aber im Grunde sind wir alle gleich.

- Mein Zimmer: Auch wenn es ein wenig oberflächlich erscheinen mag, ist es mir doch wichtig. Dort kann ich alleine oder mit Freunden sein, es kann Schutzhöhle oder Sammelplatz sein. Dort kann ich Tiere (die mir auch sehr wichtig sind) halten, tun und lassen was ich will."

Die Kunst der Interpretation solcher Texte liegt darin, den Wahrnehmungsprozess zu kontrollieren und ihn zu verlangsamen, und so den Text vor zu schnellen Vereinnahmungen zu schützen und nicht die eigenen Vorurteile in die Deutung einzutragen. Ein Schutz vor zu schneller Vereinnahmung ist es, die Form des Textes wahrzunehmen und ihr nachzugehen.[23]

Wir haben hier einen Text vorliegen, dem das Mädchen eine vierteilige Struktur gegeben hat; sie verwendet dazu Spiegelstriche, unterstreicht die für sie hervorgehobenen Begriffe und setzt einen Doppelpunkt dahinter. Daran schließt sich ihre Argumentation an. Drei Abschnitte sind in etwa gleich lang, die Ausführungen zu „Glaube" nehmen den umfangreichsten Raum ein. Interessant ist die Abfolge: zuerst „Familie", dann „Freundschaft", es folgen „Glaube" und „mein Zimmer". Häufig findet man abwägende Adverbien wie „vielleicht", „wohl",

[23] Die folgende Interpretation des Textes bezieht sich auf eine Vorarbeit von Evelin Hartl in einer Zulassungsarbeit zum I. Staatsexamen für das Lehramt an Grundschulen mit dem Titel „Was Jugendlichen heilig ist ..." – Zugänge zu einer neuen Religiosität Jugendlicher?, Regensburg 1997.

„kaum“ und eine Vorliebe für indirekte Rede. Was thematisiert wird, steht in einer Spannung zur Überschrift bis auf „mein Zimmer“, das man als Ding bezeichnen könnte. Man wird auch feststellen können, dass über Familie und Freundschaft in relativ abstrakter Weise gesprochen wird, hier spielt das Ich eine untergeordnete Rolle. Anders wird dies von dem Punkt an, wo über Glaube und Zimmer gesprochen wird. Anfangs bringt sie recht vorsichtig in konjunktivischer Rede ihre Meinung ein und ist noch äußerst behutsam mit eigenen Wertungen (*„Familie würde ich als Lebensgrundlage bezeichnen, ohne die ich kaum lebensfähig wäre“).*

Diese Behutsamkeit gibt sie dann in dem dritten Punkt, bei „Glaube“, auf. Hier beginnt sie gleich mit ihrer Wertung: *„Es ist mir sehr wichtig zu wissen, dass immer jemand da ist, der mich beschützt.*“ Es wird nur nicht gesagt, wer dieser „jemand“ oder „der“ eigentlich ist. Wichtig ist ihr, sofort auszuschließen, wer „der“ garantiert nicht ist – die Kirche, die zuerst einmal als Gottesdienstraum gesehen wird, wohin sie wohl (noch) geht. Drei Sätze später ist es die Institution, die mit Kirche gemeint ist. Ihre Kritik, die sie auch anderen Menschen, die sich von der Kirche wegbewegen, unterstellt, ist: *„Das läuft alles so auswendiggelernt ab, so programmiert.“* Hervorgehoben ist in dieser Kritik die Metapher „programmiert“. Mit hoher Emotionalität verteidigt sie sich gegen fiktive Kritiker: *„Es ist Quatsch, wenn jemand sagt, die Menschen würden sich von Gott wegbewegen.“* Erst zum Ende des Textes wird klar, wer der anfangs genannte „jemand“ bzw. „der“ ist: „Gott“. Zum Ende dieses recht langen Textes zu Glaube gerät sie wieder in die generalisierende Ebene: „Jeder betet, aber auf eine andere Weise und sogar zu einem anderen Gott. Aber im Grunde sind wir alle gleich.“

Der vierte Punkt ist „mein Zimmer“. Es ist das einzige Mal, dass sie „mein“ schreibt. Es scheint fast so zu sein, dass sie über ihre so persönliche Auseinandersetzung mit Glaube zu sich selbst, zu ihrem Ich, gekommen ist. Die Metaphern „Schutzhöhle und Sammelplatz“ lassen die Verbindung zu Glaube ahnen. Schutz gewähren sowohl Gott als auch ihr Zimmer.

Es lässt sich eine weitere Verbindung herstellen: Sie betet abends im Bett, das wiederum wird vermutlich in ihrem Zimmer stehen. Eng verbunden mit der Schutzhöhle und dem Sammelplatz des Zimmers sind dann wiederum auch die Freunde und auch ihre Tiere. Die Schlussaussage ist *„tun und lassen, was ich will“*. Das wiederum lenkt den Blick zurück auf ihre Kirchenkritik. Tun und lassen, was ich will, steht im Kontrast zu programmierten Abläufen.

Wenn ich eben so betont habe, streng auf die Form zu achten, um nicht zu schnell zur Interpretation zu kommen, so wird man jetzt feststellen, dass schon der Weg über die Betrachtung der Textgestalt viele interpretative Elemente enthielt. Sie lassen sich aber alle durch den Text bestätigen (oder kritisieren).

Diesen Text jetzt zusammenfassend zu interpretieren, fällt schwer. Eindeutig steht „Glaube“ im Mittelpunkt ihrer Überlegungen, und ein Schlüssel zum Textverständnis ist vielleicht die auf das Zimmer bezogene Metapher „Schutzhöhle und Sammelplatz“. Von hier her, vom Geborgen-Sein und Beschützt-Sein, kann sie ihren Blick in die Weite, bis hin zu Transzendenzerfahrung wagen. Sie ist bereit, sich auseinander zu setzen, Position zu beziehen, signalisiert Toleranz und Sehnsucht nach Verständigung und Frieden, scheut sich aber auch nicht, sich abzusetzen von der Meinung anderer. Ihre Weite im Denken und Mitempfinden und ihre Bereitschaft, sich auch kritisch zu unterscheiden, setzten etwas voraus, was den Text letztlich vom Anfang bis zum Ende durchzieht: Schutzräume. Die findet sie bei den Eltern, bei Gott und in ihrem Zimmer, wahrscheinlich auch bei ihren Freundschaften. Solche Erfahrungen im Nahbereich sind für sie Basis für universale Offenheit. Heilig wird für sie durchgängig mit „wichtig“ gleichgesetzt.

3.3 Annäherungen mit Hilfe der „Grounded Theory“: Kategorien der Heiligkeit im Alltagsleben

Ein mehrfacher Durchgang durch die Texte im Sinne eines „offenen Kodierens“ der „Grounded Theory“, einer qualitativen Methode empirischer Sozialforschung[24], führte in der Reihenfolge der Häufigkeiten zu folgenden Kategorien:

1. Familie, 2. Freunde/Freundin, 3. Gegenstände, 4. Werte, 5. explizit Religiöses, 6. Freie Zeiten, 7. Orte, 8. Tiere, 9. Mein Leben, 10. Sonstiges.

Auf sechs dieser Kategorien will ich jetzt in Kürze eingehen: Familie, Freunde, Werte, Freie Zeiten, Orte und – für einen Religionsdidaktiker besonders aufschlussreich – explizit Religiöses.

3.3.1 Familie: Die, die für mich da sind.

„Meine Familie ist mir z.B. heilig, weil sie total hinter mir steht, alles mit mir durchsteht und immer für mich da ist. Ich könnte auf keinen meiner Familie verzichten, da jeder mir in einem anderen Gebiet hilft und ich mit jeden über etwas anderes Reden kann.“ (9. Klasse)

Familie und Freunde werden von den Jugendlichen am häufigsten als „heilig“ hervorgehoben. Die eigene Familie ist heilig als Lebensbasis, als die Ermöglichung, überhaupt da zu sein und nicht nichts zu sein. Ihr verdankt man das, was

[24] B. G. Glaser, A. L. Strauss, The Discovery of Grounded Theory. Strategies for Qualitativ Research, Chicago 1967; A. L. Strauss, J. Corbin, Grounded Theory, Grundlagen qualitativer Sozialforschung, Weinheim 1996.

man ist (*„Ohne Familie wäre ich nicht da“*). Familie ist auch Lebensbasis in der Gewährung basaler Bedürfnisse (*„weil ich ohne sie nicht leben kann“*), vor allem aber wird sie als „heilig“ hervorgehoben, weil sie Geborgenheit, Vertrauen, Halt und Hilfe gewährt: *„Heilig ist mir meine Familie, denn sie ist immer für mich da, und ich liebe meine Familie.“ „Meine Eltern (vor allem meine Mutter) sind für mich heilig, weil sie immer für mich da sind, wenn ich Probleme habe, ohne Geschwister wäre das Leben auch langweiliger.“* Auffällig oft werden Qualitäten des biblischen Gottes namens Jahwe als der „Ich bin da für euch“ auf die Familie oder Familienangehörige bezogen. *„Geschwister sind immer für mich da, und ohne sie wäre ich auf der Straße.“ „Meine Eltern sind immer für mich da, ich bin also nie allein.“ „Meine Großeltern, weil ich weiß, dass sie immer für mich da sind.“*

In den Aussagen zu Familie und später auch zu den Freunden oder der Freundin und dem Freund drückt sich ein großes Bedürfnis nach unmittelbarer Begegnung und Annahme aus. Dies kann als Antwort auf die Erfahrung einer fragmentarisierten, zusammenhanglosen Welt gedeutet werden. Je unübersichtlicher und komplizierter die gesellschaftlichen Makrostrukturen werden, je stärker der Sog einer Globalisierung und Ökonomisierung die gesellschaftliche Verkehrsform prägt, desto bedeutungsvoller werden Erfahrungsmöglichkeiten von unmittelbar erfahrbarer und auch leiblich erlebbarer Beziehung. Jugend – so scheint mir – reagiert besonders sensibel auf die Erfahrung, in einer für sie unübersichtlichen Welt zu leben, der sie weitgehend schutzlos ausgeliefert ist und in der sie sehr realistisch ihre begrenzten Zukunftschancen sieht.

In der Familie und in freundschaftlichen Beziehungen, in diesen noch überschaubaren kleinen Welten, wird Sicherheit und Halt gesucht – und hier auch mehr gefunden, als manche Kulturpessimisten und Propheten des Werteverfalls bisher wahrgenommen haben. Auch die von manchen Soziologen im Zusammenhang der Individualisierungsthese vertretene Annahme eines Verfalls traditioneller Milieus und Familienzusammenhänge muss wohl differenzierter dargestellt werden.[25] Anstelle eines Bedeutungsschwundes der Familienbindung registrieren wir eher einen Bedeutungszuwachs von Familie. Individualisierungsprozesse und Familienbindungen scheinen sich – nach unseren Texten – nicht zu widersprechen.

„Meine Familie ist mir besonders wichtig, weil ich sie besonders lieb hab. Außerdem ist es in der heutigen Zeit eigentlich etwas besonderes, eine intakte Familie zu haben.

---

[25] Vgl. U. Popp, Individualisierung. Das „jugendtheoretische“ Konzept auf dem Prüfstand, in: Pädagogik 1996, Nr. 11, 31-35.

Meine Freunde sind auch wichtig, da man sie einfach braucht in Situationen, bei denen Eltern einfach nicht helfen können, oder wenn man Probleme mit den Eltern hat, kann man sich einen Rat holen. Außerdem kann man auch Erfahrungen tauschen." (16 Jahre, weiblich)

Die überschaubaren, nahen „Welten" werden immer wichtiger, vor allem dann, wenn sie auch Freiräume für die Jugendlichen enthalten und gewähren. Sie sehnen sich nach Annahme, Geborgenheit, Halt und Schutz: *„Meine Familie ist mir heilig, weil ich mich geborgen fühle und meine Familie liebe." „Heilig ist mir meine Familie, weil sie mir Halt gibt in schlechten Zeiten, weil ich geliebt werde." „Meine Familie ist mir heilig, weil ich mich geborgen fühle. Ich kann alles sagen, was mich bedrückt."*

Auch die quantitative Jugendforschung registriert sowohl bei den Jugendlichen in den neuen Bundesländern als auch in den alten Bundesländern eine hohe Wertschätzung der Eltern, im Vergleich von 1996 zu 1991 ist diese sogar gestiegen. Die westdeutschen Jugendlichen haben die vorher höhere Achtung der Eltern bei ostdeutschen Jugendlichen inzwischen eingeholt. Eine hohe Wertschätzung der Eltern und eine gleichzeitige Wertschätzung von Freunden und Freundinnen bzw. Cliquen vertragen sich bei Jugendlichen heute besser als in vergangenen Jahren.[26] Die Peer-Group oder die Freundinnen und die Freunde sind nicht in dem Maße, wie man es vielleicht erwarten könnte, Bezugspersonen der Abgrenzung und der Ablösung vom Elternhaus. Vielleicht hängt das damit zusammen, dass Eltern heute mehr als früher ihren jugendlichen Kindern Freiräume gewähren, und dass Jugendliche heute eleganter verschiedene Lebensbereiche miteinander verbinden können in der Haltung eines „Sowohl als auch". *„Natürlich sind mir meine Eltern, Geschwister und Freunde am heiligsten." (12 Jahre, weiblich)*

3.3.2 Freunde/Freundin: denen ich vertrauen kann und mit denen ich über alles sprechen kann

Auch bei den Freunden, den Freundschaftscliquen oder beim andersgeschlechtlichen Freund oder der Freundin spiegelt sich ihre Heiligkeit in der Erfahrung von Vertrauen und Verlässlichkeit wider: *„Freunde sind wichtig und geben Halt." „Freunde: Man kann mit ihnen etwas unternehmen, kann sich auf sie verlassen, kann mit ihnen über alles reden." „Ich bin froh, Freunde zu haben, die mich verstehen." „Heilig sind mir Freunde – jemanden vertrauen, jemand,*

---

[26] Vgl. R. K. Silbereisen, L. A. Vaskovicz, J. Zinnecker (Hg.), Jungsein in Deutschland. Jugendliche und junge Erwachsene 1991 und 1996, Opladen 1996, 41-56.

der einem zuhört, wenn man Probleme hat." „Freunde sind mir heilig, weil sie meistens da sind, wenn man sie braucht."[27]

Zwei Qualitäten von Beziehungserfahrungen konzentrieren sich hier in auffälliger Weise: Freunde werden immer wieder hervorgehoben als Gesprächspartner, mit denen man „über alles reden kann": *„Mit ihnen kann ich über vieles reden, was ich vor meinen Eltern nicht trau, darüber zu sprechen, sei es Jungs usw." „Heilig sind mir ehrliche Freunde, mit denen man alles besprechen kann." „Meine Freunde sind mir wichtig, weil ich ihnen alles erzählen kann, sie mir zuhören und mich akzeptieren, so wie ich bin."*

Die zweite spezifische Auffälligkeit von hoher Bedeutung für Jugendliche: Man kann mit den Freunden zusammen Spaß haben: *„Meine Freunde und der Spaß sind mir heilig, weil ich finde, dass man ohne Freunde keinen Spaß haben kann, und ohne Spaß wäre mir das Leben zu traurig." „Natürlich habe ich mit ihnen auch jede Menge Spaß, und bei ihnen brauch ich mich nicht verstellen." „Aber auch meine Freunde sind mir heilig, da ich mit ihnen Spaß habe, sie mich akzeptieren, so wie ich bin und weil ich ihnen alles erzählen kann, was mich bedrückt." „Meine Freunde sind für mich heilig. Mit ihnen kann ich reden, Spaß machen, rumblödeln, manchmal auch ausweinen, einfach alles."*

Immer wieder wird die Sehnsucht artikuliert, offen und ehrlich sein zu können, dem anderen nichts vormachen zu müssen. Spaß, Spaß am Leben ist ein Schlüsselwort für Jugendliche. Hier zeigt sich vielleicht ein wichtiges Abgrenzungsmerkmal von der gallig-ernsten Erwachsenenwelt, dem nachzugehen sich lohnt. Spaß sollte nicht vorschnell als Hedonismus gescholten werden, auch das Engagement in der Jugendgruppe, als Messdienerin etc. macht Spaß. Spaß – das zeigt auch die Shell-Jugendstudie '97 – ist das wichtigste Motiv für soziales Engagement.[28]

---

[27] Die gestiegene Bedeutung von wahren Freunden und familiärer Sicherheit deutet die Untersuchung „Jungsein in Deutschland" mit der aktuellen wirtschaftlichen Krisenstimmung – welch ökologische wie hedonistische Belange in den Hintergrund treten lässt und im gleichen Zug das Streben nach Sicherheit und Beistand in personeller wie spiritueller Form befördert. A.a.O., 55.

[28] Vgl. Jugendwerk der Deutschen Shell (Hg.), Jugend `97. Zukunftsperspektiven, gesellschaftliches Engagement, politische Orientierung, Ergebnisse, Opladen 1997; vgl. hierzu auch die Analyse des Soziologen Ulrich Beck: *„Die Jugendlichen haben – endlich – auch etwas für sich entdeckt, mit dem sie die Erwachsenen zur Panik treiben können: Spaß – Spaß-Sport, Spaß-Musik, Spaß-Konsum, Spaß-Leben. Da aber Politik, so wie sie praktiziert und repräsentiert wird, mit Spaß nun wirklich nichts zu tun hat, im Gegenteil: als todsicherer Spaßverderber wirkt, sind Jugendliche ihrem eigenen Selbstverständnis und dem Oberflächeneindruck nach `unpolitisch´. Allerdings eben auf sehr politische Weise: Kinder der Freiheit finden und erkennen sich wieder in einer bunten Rebellion gegen Stumpfsinn und Pflichten, die ohne Gründe, ohne dass man sich damit identifizieren kann,*

Der andersgeschlechtliche Freund ist heilig, ganz schlicht, *„weil er über alles geliebt wird“.* Und hier verdichten sich in besonderer Weise Erfahrungen von Vertrauen, Liebe, Zärtlichkeit und Spaß: *„Mein Freund ist mir heilig, er schenkt mir Vertrauen, Liebe, Zärtlichkeit und Spaß.“*

3.3.3 Werte: Zuverlässigkeit – Gesundheit – Liebe – Freiheit

In den oben genannten Kategorien Familie und Freunde sind schon eindeutige Werte ausgedrückt, die für die befragten Jugendlichen den Status von Heiligkeit bekommen: Im Kontext von Familie vor allem das Bedürfnis nach Jahwe-Geborgenheit, Sicherheit und nach Angenommensein; bei Freunden/Freundinnen vor allem die Werte Vertrauen, Zuverlässigkeit, Ehrlichkeit und gemeinsamer Spaß. Nun evoziert der Impuls „heilig ist mir“ ausdrücklich keine Werte, Werthierarchien und kaum Stellungnahmen zu negativ besetzten Werten. Die Texte zeigen, dass die meisten Jugendlichen mit „heilig“ das konnotieren, was ihnen besonders am Herzen liegt, was ihnen noch mehr als wichtig ist. Ein 12-jähriger Junge schließt seinen Text mit der rhetorischen Frage *„Warum sind mir diese Sachen heilig? Sie sind eben wichtige Sachen in meinem Leben.“* (Wobei er damit keine Gegenstände gemeint hat.) „Heilig“ wird von vielen Jugendlichen oft ersetzt durch „besonders wichtig“, „extrem wichtig“; manche unterscheiden auch bewusst zwischen „heilig“ und „wichtig“, wobei das Heilige dann eine Steigerung des Wichtigen darstellen soll. Bei diesen Bedeutungszuschreibungen verwundert es nicht, dass auch, losgelöst von Personengruppen, immer wieder Werte genannt werden.

Es sind solche, welche die Familien- und Freundschaftswerte nochmals unterstreichen wie z.B.: *„Vertrauen ist mir heilig, weil ich denke, man kann keine Beziehung führen, wenn man sich nicht vertrauen kann.“ „Mir ist die Ehrlichkeit in einer Freundschaft bzw. einer Beziehung heilig, weil ich finde, daß nichts dabei herauskommt und man nicht wirklich eng verbunden sein kann, wenn man nicht offen und ehrlich ist.“*

Wenn man in den Texten sehr oft Werte findet, die fragil sind und tiefe Sehnsüchte ausdrücken und vielleicht deshalb in den Schutzraum des Heiligen gehören, dann kann es verwundern, dass schon Jugendliche überraschend oft „Gesundheit“ hervorheben: *„Meine Gesundheit ist mir heilig, weil ich sie nicht mit Geld bezahlen kann.“ „Natürlich ist mir meine Gesundheit heilig, denn das Le-*

---

ausgeführt werden sollen.“ (U. Beck, Ja, ja, die Jugend von heute, in: Zeitschrift für Wissenschaft und Kunst in Bayern aviso, hg. vom Bayrischen Staatsministerium für Unterricht, Kultus und Kunst, Nr. 2: Vom Wandel der Werte, 1998, 11-14.

ben würde keinen Spaß mehr machen, wenn man z.B. mit einer unheilbaren Krankheit wie Aids leben muß.“

Danach folgen Werte mit etwa gleich häufiger Nennung: „Freiheit“, „Liebe“ und „Friede“: *„Frieden und Freiheit ist mir heilig, weil das Leben ohne diese Dinge keinen Spaß macht.“ „Meine Freiheit: Ich fühle mich schnell eingeengt, mißverstanden, bin ziemlich faul und da kann es schon einmal zu einem riesigen Krach führen, wenn man mich ständig bevormundet oder mir vorschreibt, was ich tun und lassen soll.“ (16 Jahre, weiblich)*

„Für mich aber das Heiligste im Leben ist für mich die Liebe, denn leben und lieben gehört zusammen.“ „Ich denke, das *die Liebe das Heiligste überhaupt ist, denn die Liebe ist etwas Einzigartiges. Die Liebe selbst, Liebe zu meiner Familie, die mir Halt gibt, und die Liebe zu meinen Freunden, die immer für mich da sind.“ „Heilig ist mir Friede auf der Welt, weil es so viel Leid in der Welt gibt.“*

Relativ selten werden ökologische Werte hervorgehoben wie z.B. in folgendem Satz:

„Meine Umwelt ist mir heilig, weil man die Umwelt schützen sollte. Ohne sie können wir nicht leben.“

Was sich aus unseren Texten fast beiläufig an Werthierarchien ergibt, das bestätigt auch eine Jugendstudie aus dem Jahr 1996. Hier nimmt Frieden den Spitzenplatz ein, es folgen „wahre Freundschaft“, „Freiheit“ und „familiäre Sicherheit“.

„Wenn ich meine Freiheit nicht hätte, wäre ich nur ein halber Mensch. Ich muß mich frei bewegen können, sonst würde ich durchdrehen.“ (15 Jahre, weiblich)

Relativ verpönt sind nach dieser Umfrage „Reichtum“, „Soziale Macht“, „Tradition“ und „Autorität“. Im Vergleich von 1991 zu 1996 lässt sich eine Abschwächung ökologischer und hedonistischer Werte und eine Zunahme des Bedürfnisses nach Sicherheit und Geborgenheit erkennen.[29]

3.3.4 Freie Zeiten: Abschalten, frei sein und ekstatische Erfahrungen machen

Mit „Freunden“ eng verbunden sind die Erfahrungsqualitäten der freien Zeiten. Sie sind heilige Zeiten, nicht im Sinne eines religiösen Festkalenders, sie sind deshalb heilig, weil man hier mit Freunden zusammenkommen und Spaß haben kann, weil man hier einmal abschalten und sich erholen kann (z.B. vom Schulstress), weil hier Freiheit erfahren werden kann, auch von den an sich bergenden

[29] Vgl. Silbereisen, Vaskovicz, Zinnecker (Hg.) 1996, a.a.O., 41-56.

wohltuenden Familienbindungen *(„Das Fortgehen ist mir auch heilig, weil ich da endlich von zu Hause weg bin und machen kann, was ich will.“).* Wichtig ist den Jugendlichen, dass hier keiner Vorschriften macht, und dass es hier anders ist als in der Schule.

„Mir ist Fußballspielen wichtig, heilig. Beim Fußballspielen hat man viel Spaß mit der Mannschaft. Dabei lernt man Teamgeist und Zusammenhalt. Es ist auch ein Ausgleichssport, bei dem man nicht an Schule denken muß.“ (19 Jahre, männlich)

In den freien Zeiten werden ekstatische Erfahrungen gemacht, welche die Eintönigkeit und die Banalität des Alltags durchbrechen: *„... speziell Inline-Skating gibt mir einen besonderen Kick im Alltag“; „die Disco ist mir heilig, weil ich irgendwo abtanzen kann“; „Musik ist einfach geil. Da kann ich alles aus mir rauslassen“.*

Ekstatische Erfahrungen werden auch gemacht durch das Austoben im Sport oder einfach nur dadurch, dass man „die Sau rauslassen kann“. Hier spielen auch der Alkohol und der Sex eine – in der Häufigkeit untergeordnete – Rolle: *„Sex ist spitze, Liebe ist wie lauter Schmetterlinge im Bauch, irres Gefühl.“; „Sport, wie Snow borden oder Karate ist für mich wichtig, da ich das ganze Alltagsleben und den ganzen Streß vergessen kann.“*[30]

Im Zusammenhang mit den freien Zeiten spielt auch neben dem Sport die Musik eine bedeutende Rolle: *„Musik ist für mich heilig, weil Musik etwas ausdrücken soll.“ „Musik ist einfach geil, bei Musik kann ich mich entspannen und alles aus mir rauslassen kann.“ „Auch Musik ist für mich etwas Heiliges, hauptsächlich die Back Street Boys und Peter André.“*[31]

Vielleicht erwartet man es gar nicht so sehr von den Jugendlichen, die noch nicht in einem wirtschaftlichen Produktionsprozess oder in beruflicher Ausbildung stehen, dass sie den Kontrast von Schulzeit und freien Zeiten so intensiv wahrnehmen. Daraus spricht wieder die Bedeutung einer Zeit, welche z.B. den schulischen Alltag unterbricht und andere Erlebnisqualitäten ermöglicht: *„Mei-*

---

[30] Hubert Knoblauch sieht in solchen Phänomenen („Alltagsflips, Kicks und kleine Fluchten“) funktionale Äquivalente, die in eine echte Konkurrenz zur Religion treten können, weil sie für Jugendliche Träger echten Sinns bedeuten und Weltansichten vermitteln. Dies gilt auch für die bedeutender werdende Musikkultur. Vgl. ders., Die unsichtbare Religion im Jugendalter. Geschlossene Sinngebiete, symbolische Universa und funktionale Äquivalente der Religion bei Jugendlichen, in: W. Tzscheetzsch, H.-G. Ziebertz (Hg.), Religionsstile Jugendlicher und moderne Lebenswelt, München 1996, 65-97.

[31] Bei der Hitliste der jugendkulturellen Stile rangieren die Fans von Musikgruppen mit fast einem Viertel aller 13- bis 29-Jährigen an erster Stelle. Vgl. Silbereisen, Vaskovicz, Zinnecker (Hg.) 1996, a.a.O., 63.

ne Freizeit ist mir heilig, weil ich nicht immer viel davon habe." „Ein schönes Wochenende mit meinen Freunden ist mir heilig, weil ich am Wochenende einfach so richtig Spaß haben will." „Das Wochenende ist mir heilig, weil man dann nicht an die Schule denken muß."

3.3.5 Orte: Mein Zimmer, Schutzraum für das innerste Selbst

In einer gewissen Spannung bzw. Polarität zu den intensiven Beziehungs- und Begegnungserfahrungen in Familie und im Freundeskreis stehen die am häufigsten genannten heiligen Orte: „mein Zimmer" und „Bett".

Das Zimmer ist heilig: *„Weil ich oft einen Ort brauche, um mich zurückziehen zu können"; „denn hier möchte ich alleine sein"; „weil ich dort machen kann, was ich will"*. Das Zimmer ist für die Jugendlichen ein wichtiger Rückzugsort. Ferner ist das eigene Zimmer ein heiliger Ort, weil hier *„meine persönlichen Sachen sind, die nicht jeden etwas angehen."* Hier kann man sich abgrenzen, hier ist ein Schutzraum für das innerste Selbst, und hier kann *„Ich zu mir kommen"*.

Die häufige Nennung des Betts verwundert dann gar nicht: *„Mein Bett ist mir heilig, weil ich mich öfters reinlegen kann, wenn ich müde bin."*

Wenn dann öfters auch die Wohnung und das Zuhause genannt werden, dann verweisen diese Texte wieder auf die Geborgenheitserfahrungen im Raum der Familie. Auch hier also drückt sich die Sehnsucht nach Geborgenheit und Sicherheit aus.

3.3.6 Explizit Religiöses: Gott – Beten – Kirche

Je nachdem, wie man die Nähe von Jugendlichen zu explizit Religiösem einschätzt (in den Texten sind es vor allem Aussagen zu Gott/Jesus, zum Beten, zur Kirche, zu Festen und zur Bibel) finden sich bemerkenswert viele Aussagen zu dieser Kategorie in den Texten.

„Mein Kreuz ist mir heilig, weil es mich an Jesus erinnert, der am Kreuz gestorben ist. Mein Stofftier ist mir heilig, weil ich es schon 12 Jahre besitze. Die Kirche ist mir heilig, weil ich durch sie in eine andere Welt versetzt werden kann." (12 Jahre, weiblich)

Nicht selten wird Heiligkeit explizit auf die Heiligkeit Gottes bezogen. Klassisch theologisch klingt folgender Text: *„Bei Gott denke ich, er ist heilig, d.h. ich glaube an ihn und habe vielleicht auch eine gewisse Ehrfurcht."* Hervorgehoben wird Gott als Schöpfer (*„Ohne Gott würden wir alle nicht leben."*) und als Helfer (*„weil er mir oft hilft"*).

„Heilig ist mir Gott, denn auch wenn es mir keiner glaubt, ich setze (fast) alles auf Gott, d.h. wenn ich weiß, etwas wird nicht funktionieren, spreche ich am Sonntag oder am Morgen mit Gott."

Solche Glaubensbekenntnisse sind nicht selten. Charakteristischer ist – auch im Hinblick auf andere qualitative Untersuchungen zum Gottesglauben Jugendlicher – eine häufig anzutreffende Unbestimmtheit, ein „Vielleicht" oder „Sowohl-als-auch": *„Gott und Jesus sind Wörter, sie sind sehr rätselhaft. Ich weiß nicht, ob es sie gibt." „Bei dem Glauben weiß ich nicht so genau, ob er so wichtig ist für mich, [...] ich weiß nämlich nicht, ob das ganz stimmt."*

Gott wird selten explizit verneint, er ist aber auch nicht Gegenstand einer positiv-sicheren Gewissheit, der Glaube an Gott bleibt bei vielen Jugendlichen in der Schwebe.[32]

Oft wird in den Texten „Gott" in Beziehung zu „Kirche" gesetzt, in bestätigender und auch in abgrenzender Weise: *„Gott und die Kirche ist mir heilig, weil ich denke, daß jeder Mensch etwas hat, an das er glauben kann." „Die Kirche ist mir heilig, weil ich zu Gott beten kann."* Anders verhält es sich mit folgender Aussage: *„Heilig ist für mich Gott, aber nicht die Kirche und das ganze religiöse Gesappel." „Natürlich glaube ich noch an Gott, aber muß man dazu in die Kirche gehen? Glaubt man wirklich nicht an Gott, wenn man nicht in die Kirche geht? Natürlich bedeutet mir Kirche auch etwas, aber mit der Zeit verliert es für mich an Bedeutung, da ich mir die Geschehnisse, wie sie in der Bibel beschrieben sind, teilweise nicht vorstellen kann."*

Der letzte Satz weist auf ein Problem hin, das in der religionspädagogischen Diskussion nicht unterschätzt werden darf: Die biblische Semantik und Metaphorik ist für viele Jugendliche trotz aller symboldidaktischen Anstrengungen weiterhin eine gedankliche Zumutung und stößt auf Unverständnis.[33]

„Beten" wird nach Gott am häufigsten genannt. Einmal fast so, wie man es in Religionsbüchern als Erwartung an Jugendliche finden kann: *„Ich bete jeden Abend, und es ist wie Dank an Gott, diesen Tag erlebt zu haben. Beten ist eine*

---

32 Vgl. auch D. Fischer, A. Schöll, Glauben Jugendliche anders? Zur Bedeutung von Religion in der Lebenspraxis Jugendlicher, in: Katechetische Blätter 121 (1996) 4-14, hier 7; H. Schmid, Religiosität von Schülern im Religionsunterricht. Empirischer Zugang und Konsequenzen für den Religionsunterricht der Berufsschule, Bad Heilbronn 1989, vor allem 204; ders., „Was Dir das Leichteste dünket ...". Erschließung der Lebenswelt – Korrelation – Religionsunterricht, in: G. Hilger, G. Reilly (Hg.), Religionsunterricht im Abseits? Das Spannungsfeld Jugend – Schule – Religion, München 1993, 224-237.

33 Vgl. K. E. Nipkow, Religion in Kindheit und Jugendalter. Forschungsperspektiven und -ergebnisse unter religionspädagogischen Interessen, in: Hilger, Reilly 1993, a.a.O., 183-223, hier 193ff.

wichtige Sache.“ Typischer aber ist eine selbstkritische Problematisierung des Betens: *„Ich bete oft, aber leider meistens nur, wenn ich etwas brauche, oder für etwas danken will. Das klingt ziemlich egoistisch.“ „Manchmal, wenn ich traurig bin, oder irgendwelche Probleme habe, bete ich auch zu Gott (oder Jesus). Ich weiß, daß er immer da ist und mir zuhört.“*

„Kirche“ löst wenige und recht unterschiedliche Konnotationen aus unter dem Vorzeichen „heilig ist mir“. Kirche ist heiliger Ort, *„weil man dort in Ruhe und Frieden beten und nachdenken kann.“ „Kirche ist weiter Gemeinschaft mit anderen, z.B. bei Gottesdiensten. Man findet aber auch seine Ruhe. Wenn ich eine gewaltige Wut habe, hilft es mir, wenn ich einen Spaziergang in die Kirche mache. Dort ist es dann ganz ruhig, und man kann selber mit Gott reden und zur Ruhe kommen. Also kann ich meinen Privatbereich dadurch `klären´.“(15 Jahre, weiblich)*

Öfter wird Kirche aber in bewusster Opposition zu „heilig“ gesehen: *„Heilig ist für mich nicht die Kirche.“ „Ich glaube an Gott, kann mich aber mit der Katholischen Kirche nicht mehr identifizieren, finde sie konservativ und scheinheilig. Deshalb bin ich für Reformen in der Kirche.“*

Kirche ist positiv besetzt, wenn man dort als Jugendlicher angenommen, aufgenommen und auch bedeutungsvoll ist (z.B. als Ministrant, Leiter einer Jugendgruppe); Kirche wird vor allem dann äußerst kritisch gesehen, wenn keine eigenen (positiven) Erfahrungen in und mit ihr gemacht wurden, wenn sie sich festbeißt in „veraltete Ansichten“, wenn dort „Doppelmoral“ ausgemacht wird, wenn sie etwas verlangt, *„ohne sich selbst dafür zu engagieren“*.

Folgender Text einer 15-jährigen Ministrantin, also einer sehr kirchennahen Jugendlichen, kann dazu einige Anhaltspunkte vermitteln:

„Wenn ich an `heilig´ denke, denke ich als erstes an Gott und die Kirche. Das andere ist für mich wichtig, aber nicht 'heilig'. Kirche ist weiter Gemeinschaft mit anderen, z.B. der Gottesdienst. Man findet aber auch seine Ruhe. Wenn ich eine gewaltige Wut habe, hilft es mir, wenn ich einen Spaziergang in die Kirche mache. Dort ist es dann ganz ruhig, und man kann selber mit Gott reden und zur Ruhe kommen. Also kann ich meinen Privatbereich dadurch `klären´. Wenn ich in die Sakristei gehe, treffe ich viele Ministranten, die ich kenne. Wir unternehmen auch was; so ist auch Abwechslung drin! Durch unsere Freundschaft entsteht auch Vertrauen, und man kann sich bei Problemen helfen. Ich finde Kirche ist super, aber man muß einiges Altmodisches ändern, damit sie echt ein Ort wird, wo sich alle wohlfühlen.“

Mit den Unterstreichungen in diesem Text werden Qualitäten hervorgehoben, welche dieser kirchennahen Jugendlichen besonders viel bedeuten: Gemeinschaft, Freundschaft, Vertrauen, Helfen und Abwechslung als Erfahrung im sozialen Bereich, ferner Ruhe und die Möglichkeit, Krisen im Privatbereich zu klären. Und mit Blick auf die Verfasstheit von Kirche, dass sich Altmodisches ändern muss, um ein Ort zu werden, wo sich alle wohl fühlen.

Rückblickend kann man sagen, dass es gute Gründe gibt, die Texte der Jugendlichen als ihre subjektiven Perspektiven, ihren persönlichen Zugang zum Heiligen bzw. als Ausdruck eines „Ursinns für das Heilige“ anzusehen. Dies auch wegen ihrer Redeform. Sie reden von eigener Erfahrung im Unterschied zu einer objektiv-distanzierenden Beschreibung von Feststellbarem. Die Jugendlichen haben aufgeschrieben, was sie angeht, vielleicht sogar zutiefst und unbedingt angeht, es sind Zeugnisse ihrer Erfahrungen.

Mir scheint auch, dass schon die Erhebungsmethode des Kreativen Schreibens ein Sprachspiel gefördert hat, das im Sinne einer religiösen Sprachpropädeutik relevant ist. Indem die Schüler ihren ganz persönlichen Erfahrungen Ausdruck und Gestalt gegeben haben, indem sie Gegenstände mit Bedeutung versehen haben, sind sie zu symbolisierendem Sprechen angeregt worden. Jugendliche haben mehr Sinn für Symbole und symbolisieren in ihrem Alltag mehr, als es oft von vielen wahrgenommen wird.

Bei einer interdisziplinären Diskussion um das Heilige wird die Religionspädagogik vor allem zu erforschen haben, was junge Menschen heute als ihren tragenden Grund ansehen, der ihr Leben „heiligt“ und für sie zu einer sinnvollen humanen Existenz gehört. Es zeigte sich bei der Pilotstudie „Was Jugendlichen heilig ist“, dass das, was ihr Leben heilig macht, Geschenkcharakter hat und eine letztlich unverfügbare und ereignishafte Qualität kennzeichnet. Es lässt sich zwar nicht mehr eindeutig als „sacrum“ vom „profanum“ abgrenzen, und es mag manchen befremden, wie das für sie „Heilige“ verflochten ist mit Alltagserfahrungen. Doch bleibt das Heilige für die Jugendlichen in einer Distanz zur Banalität eines bloß funktionierenden Alltags: Sie finden es in verdichteten existentiellen Erfahrungen in der Familie, in der Freundschaft, in freien Zeiten und in abgrenzbaren Räumen als Erfahrungen des Angenommenseins, Aufgehobenseins und des Herausgehobenseins („Spaß“, „Ekstase“), so gesehen als Unalltägliches im Alltäglichen.

Das ist sicherlich nicht die „ganz andere“ Wirklichkeit, wie sie bei manchen Aussagen zum explizit Religiösen noch zum Ausdruck kommt, doch eine „andere“ Wirklichkeit, eine die eindimensionale Banalität des Alltags unterbrechende. Hier finden die Jugendlichen etwas von der Heiligkeit und Kostbarkeit ihres Lebens, hier finden sie Sinn. Eine solche „Wiederkehr des Heiligen“ ereignet sich also keineswegs spektakulär und gibt sich fast beiläufig als Sinnsuche zu erkennen, aber als etwas, was die Jugendlichen existentiell angeht und über das sie nicht beliebig verfügen können. Selbst der „Spaß“ miteinander ist etwas, was sich ereignet und nicht produziert werden kann.

4. Lernchancen und Handlungsperspektiven

Aus religionsdidaktischer Perspektive will ich einige Lernchancen und Handlungsperspektiven aufzeigen, die sich im Kontext des Projekts „Was Jugendlichen heilig ist“ zur Diskussion anbieten.

4.1 Wahrnehmungskompetenz für die sprachlichen Äußerungen

Religionsunterricht *mit* Jugendlichen, nicht für oder gegen Jugendliche, muss sich in einem wesentlich stärkeren Maße, als es üblich ist, an der lebensgeschichtlichen und lebensweltlichen Erfahrung von religiöser Relevanz orientieren. Ich stelle mir deshalb den Religionsunterricht als einen Lernort vor, an dem junge Menschen lernen, ihre Religion und ihren Glauben wahrzunehmen, anzunehmen, zu entwickeln, ihn kommunikationsfähig zu machen, also soziale Gestalt zu geben und ihn reflektierend zu verantworten. Aufgabe der Lehrenden ist es dann, Kinder und Jugendliche bei ihrer religiösen Entwicklung in diakonischer Selbstlosigkeit zu begleiten, zu unterstützen und auch herauszufordern.[34] Ein solcher Religionsunterricht setzt Lehrerinnen und Lehrer voraus, welche die Schüler als aktive Subjekte ihrer religiösen Biographie wahrnehmen können. Zur Professionalisierung von Religionslehrern und Religionslehrerinnen sind also nicht nur hermeneutische Kompetenzen für Inhalte der verschiedenen theologischen Disziplinen, sondern auch phänomenologische Kompetenzen für die gelebte (bzw. „unsichtbare“) Religiosität von Kindern und Jugendlichen zu vermitteln.

Dabei ist eine besonders respektvolle Behutsamkeit gegenüber dem Eigenen, Fremden und eventuell Unverständlichen der individuellen Äußerungen von Kindern und Jugendlichen geboten, die in ihrer Würde geachtet und vor einem zu schnellen und eventuell vereinnahmenden Verstehen geschützt werden müssen. Auch hier gilt im Interesse einer phänomennahen Wahrnehmung das Prinzip der Verlangsamung.[35]

Eine gewollte, methodisch kontrollierte Verlangsamung, z.B. durch einen mehrstufigen und schrittweisen Wahrnehmungs- und Interpretationsprozess,[36] kann

---

[34] Vgl. G. Hilger, Prinzipielle religionsdidaktische Grundregeln I. Grundregel 1: Schüler und Schülerinnen als aktive Subjekte ihrer religiösen Biographie ernst nehmen können, in: E. Groß, K. König (Hg.), Religionsdidaktik in Grundregeln. Leitfaden für den Religionsunterricht, Regensburg 1996, 9-19, hier 11.

[35] Vgl. unter anderem G. Hilger, Für eine religionspädagogische Entdeckung der Langsamkeit, in: Hilger, Reilly 1993, a.a.O., 261-279.

[36] Vgl. hierzu Schmid 1993, a.a.O., 224-237.

die phänomengerichtete Wahrnehmung des Eigenen und Fremden der lebensweltlichen Äußerungen fördern.[37]

Zur religionsdidaktischen Ausbildung gehört es darum, die subjektiven Theologumena von Schülern und Schülerinnen z.B. in Texten und Äußerungen sprachlicher und nicht-sprachlicher Art genauso sorgfältig und sachgerecht wahrnehmen und auslegen zu lernen wie biblische Texte, Dokumente aus der Kirchengeschichte, der Systematischen Theologie und Religionswissenschaft,[38] wie Kunstwerke, Bauten, liturgische Formen und Brauchtum. Das erfordert Kompetenzen bei den Unterrichtenden, Kommunikationssituationen zu schaffen, in denen sich Jugendliche auch in ihrer Sprache und in ihrem Denken, Fühlen und Werten äußern können und dürfen. Nur so kann ein Gespräch entstehen über das, was ihnen heilig, was ihnen religiös bedeutsam und was ihnen glaubwürdig und sinnstiftend ist. Es geht ja an erster Stelle um *ihre* Religiosität und *ihren* Glauben und nicht darum, was sie zu glauben haben: nicht nur über Religion und Glauben reden, sondern von eigener Religiosität und eigenem Glauben sprechen! Das wird begünstigt durch die Kultur einer Sprache, die lebensgeschichtlich und lebensweltlich mit eigenen Erfahrungen gesättigt ist. Religiöses Sprechen ist auf performative, selbstimplizierende und expressive Sprechakte angewiesen.

Performative und selbstimplizierende Sprechakte vollziehen Handlungen z.B. des Bekennens, des Lebens, in denen der Sprecher mit seiner Person selbst involviert ist: *„Für mich aber ist das Allerheiligste die Liebe, denn Leben und Liebe gehören zusammen und durch Liebe entsteht das Leben!“ (15 Jahre, männlich).* Ein solches Sprechen ist erfahrungsgesättigt und drückt innere Affinitäten des Sprechenden zum Gesagten bzw. Geschriebenen aus. Religiöses Sprechen ist auch auf expressive Sprechakte angewiesen, in denen der Sprecher/Schreiber seinen Gefühlen Ausdruck gibt: *„Ich hasse den Tod, denn er bringt nur Zerstörung und Angst, manchmal auch Erlösung“; „Liebe ist wie lauter Schmetterlinge im Bauch, irres Gefühl.“*

Ich betone die theologische Würde solcher Sprechakte hier so sehr, weil der Religionsunterricht sich m.E. zu oft festlegt auf konstatierendes, auf lehramtliches oder auf fachtheologisches Sprechen. Diese Sprechakte behalten gewiss eine

---

37 Zugunsten einer solchen Achtsamkeit plädiert Peter Biehl mit m.E. guten Argumenten dafür, die Identifizierung von phänomenologischer Methode und Hermeneutik rückgängig zu machen und jene als eigenständige Zugangsweise zu religionspädagogisch relevanter Wirklichkeit neben Empirie, Hermeneutik und Ideologiekritik in Anspruch zu nehmen. Vgl. Biehl 1991, a.a.O., 406f. Albrecht Grözinger fordert einen Paradigmenwechsel der Praktischen Theologie von ihrem primären Selbstverständnis als Handlungswissenschaft hin zu einer Praktischen Theologie als Kunst der Wahrnehmung.

38 Vgl. Nipkow 1993, a.a.O., 210f.

relative Bedeutung. Ohne einen inneren Bezug zu den alltagssprachlichen Äußerungen Jugendlicher können sie – theologisch gesprochen – aber nicht „heilskräftig“ oder „wirklichkeitsschaffend“ werden.[39]

Aus den Texten der Schüler spricht eine erstaunliche Bereitschaft, sich auf religiös-relevante Sprechakte einzulassen und mit anderen über das ins Gespräch zu kommen, was für sie lebensgeschichtlich und lebensweltlich bedeutungsvoll und sinnstiftend ist. Wer in dieses Gespräch eintreten will, muss gelernt haben und immer wieder neu lernen, die Schüler anzunehmen und wahrzunehmen. Wahrnehmungskompetenz für die lebensweltlichen Äußerungen von Jugendlichen und für ihre individuelle Religiosität ist eine unverzichtbare religionsdidaktische Herausforderung für die Aus- und Fortbildung von Lehrer und Lehrerinnen.[40]

4.2 Individuelle Religiosität und religiöse Bildung

Friedrich Schweitzer setzt in seiner Religionspädagogik des Jugendalters folgende Handlungsperspektive an die erste Stelle: „Religion der Jugend wahrnehmen und anerkennen, herausfordern und begleiten“.[41] Ich habe mich bisher auf das „Wahrnehmen“ und das „Anerkennen“ beschränkt, will aber zumindest angedeutet haben, dass ein bildender Religionsunterricht auch die Jugendlichen herausfordern und begleiten will bei ihrer religiösen Entwicklung. Dazu gehört auch der Aufbau von religiösem Wissen, Informiertheit, Reflexionsfähigkeit und die Kommunikationsfähigkeit mit den Religionen, denen die Jugendlichen heute begegnen. Ich halte viel davon, dass die Jugendlichen sich auch abarbeiten an den Positionen derer, die zu einer Kirche bzw. einer Religion gehören und einer theologisch reflektierten Positionalität begegnen im institutionellen Kontext eines theologisch reflektierten und positionellen Religionsunterrichts. *Eine,* aber nicht die geringste religionsdidaktische Herausforderung, mit der uns die Prozesse auch religiöser Individualisierung und Pluralisierung konfrontieren, ist es, die Jugendlichen als Subjekte ihrer religiösen Biographie wahrzunehmen und anzunehmen.[42] In welchem Verhältnis gelebte Religiosität der Schüler und Schülerinnen zum gelehrten Glauben der Kirche steht, wie sich die Theologie der Jugendlichen und die Amtstheologie zueinander verhalten, das sind theologische

---

[39] Vgl. S. Leimgruber, Das Sprechen vom Geist. Religiöse Sprache und Erfahrung am Beispiel der Firmung (Studien zur Praktischen Theologie 16), Zürich 1978, 19-79.

[40] Vgl. G. Hilger, Jugendliche und ihre Religiosität. Individualisierung und Pluralisierung als religionsdidaktische Herausforderung, in: H. Petri, G. Schmuttermayr, K. Hausberger u.a. (Hg.), Glaubensvermittlung im Umbruch (FS Bischof M. Müller), Regensburg 1996, 334-361, hier 353ff.

[41] Schweitzer 1996, a.a.O., 153.

[42] Vgl. Hilger, Grundregeln 1996, a.a.O., 9-19.

Grundsatzfragen, die die Theologie insgesamt betreffen. Im Gespräch mit den anderen theologischen Disziplinen wird sich die Religionspädagogik vor allem als Anwalt der Subjekte ins Spiel bringen und darf dabei – die Kritik der anderen Disziplinen voraussetzend – Einseitigkeiten riskieren.

4.3 Kompetenz für die Inhalte religiösen Lernens

Der Blick in die Texte der Jugendlichen zeigt, dass sie hoch motiviert sind, über die Bedeutung ihres eigenen Lebens nachzudenken, dass Sinnfragen nach dem, was ihr Leben trägt und hält, für sie brennend sind; vielleicht ist das eine jugendspezifische Reaktion darauf, dass sie die Bevölkerungsgruppe sind, die am stärksten dem Gefühl ausgesetzt ist, in einer fragmentierten Welt ohne Zusammenhalt zu leben.[43] Der Impuls „heilig ist mir" hat überraschend viele religiöse Themen als Themen der Jugendlichen ans Tageslicht gebracht: die Erfahrung von Kontingenz, die Gottesfrage, Fragen nach dem Ursprung und Sinn des Lebens, Bedeutung des Betens, Beziehung zur Kirche, die subjektive Bedeutung eines irgendwie gearteten Glaubens und vor allem die Frage nach dem Grund von Vertrauen und Liebe.

Mehr als es bisher der Fall ist, müssen Lehrende lernen, die theologische Dignität solcher Themen der Schüler zu erkennen, auch dann, wenn diese nicht in der theologisch vertrauten Gestalt vorkommen.[44] Jugendliche interessieren sich für theologische Themen, wenn sie diese nach dem Prinzip der Passung in ihrem lebensweltlichen Bezug erkennen können. Wir stehen erst am Anfang, die lebensgeschichtliche und lebensweltliche Religiosität der Schüler in eine produktive Wechselbeziehung zu den Angeboten und Herausforderungen jüdisch-christlicher Religion und Tradition zu bringen. Religionsdidaktik ist hier auf die Unterstützung durch andere Disziplinen angewiesen. Für diese können die Anfragen der Jugendlichen vielleicht sogar einen zeitdiagnostischen oder prophetischen Gehalt haben. Das analytisch Erhobene theologisch interpretieren zu können, erfordert eine Wissenschaftspraxis des interdisziplinären theologischen Gesprächs, bei dem sich die Einheit der Theologie bewähren muss und bei dem keine theologische Disziplin Dominanzansprüche erhebt.

Enden möchte ich mit einem Zitat von Klaus Hemmerle: „Die Kirche hat, zugespitzt formuliert, zur jungen Generation zu sagen: Laß mich dich lernen, dein

[43] Vgl. A. Dubach, J. Campiche (Hg.), Jede(r) ein Sonderfall? Religion in der Schweiz, Zürich, Basel 1993, 323.

[44] Vgl. Schweitzer 1996, a.a.O., 172.

Denken und Sprechen, dein Fragen und Dasein, damit ich daran die Botschaft neu lernen kann, die ich dir zu überliefern habe.“[45]

---

45 K. Hemmerle, Jugend und Kirche, in: ders., Ausgewählte Schriften, Bd. 4, hg. von R. Feiter, Freiburg 1995, 324-339, hier 329, zitiert nach: K. Mertes, Gedanken über Kirche und Jugend im Anschluß an Überlegungen von Klaus Hemmerle, in: U. Deller, E. Vienken (Hg.), Wagnis Weg-Gemeinschaft. Beiträge und Reflexionen zur Jugendpastoral K. Hemmerles, München 1997, 57-71, hier 69.

Die Herausforderung der Globalisierung und interreligiöse Zusammenarbeit*

Norbert Klaes

1. Die Ambivalenz der Globalisierung

Die Globalisierung[1] ist keineswegs ein einheitliches Phänomen. Sie kann formal mit ihren vielfältigen ökonomischen, ökologischen, sozio-kulturellen und politischen Merkmalen, die miteinander in Wechselwirkung stehen, verstanden werden als „eine Verdichtung und Beschleunigung grenzüberschreitender Interaktionen, die faktisch oder der Möglichkeit nach alle Individuen, Institutionen und Staaten zu einem komplexen Gefüge wechselseitiger, häufig aber ungleichgewichtiger Abhängigkeiten miteinander vernetzen"[2]. Damit stehen nicht mehr die Nationalstaaten im Vordergrund, sondern die Welt als Ganze oder zumindest größere Weltregionen. Dieser Prozess der Globalisierung löst weltweit die unterschiedlichsten Reaktionen aus. Einerseits werden die faszinierenden Chancen für eine verantwortlich gestaltete Zukunft der Menschheit, für weltweite Solidarität, globalen Wohlstand und Weltfrieden hervorgehoben, die sowohl durch westliche Leitbilder wie Menschenrechte und Demokratie wie auch durch den gewaltigen Fortschritt im Kommunikationsbereich, in der Technologie und im weltweiten wirtschaftlichen Wettbewerb ermöglicht werden. Andererseits wächst die Angst in den Industrienationen vor Arbeitslosigkeit, Sozialabbau und Umweltzerstörung und in den Entwicklungsländern vor einem westlichen Kulturimperialismus, vor wirtschaftlicher und politischer Abhängigkeit und wachsender Verarmung.

---

* Eine ausführliche Darstellung dieser Thematik in: N. Klaes, Der Dialog zwischen Religionen: Konfliktvermeidung und Konfliktförderung, in: Zeitschrift für Mission 26 (2000), 77-91; N. Klaes, Globalisierung und interreligiöse Zusammenarbeit, in: K. Krämer, A. Paus (Hg.), Die Weite des Mysteriums (FS H. Bürkle), Freiburg 2000, 377-403.

[1] Vgl. U. Beck, Was ist Globalisierung?, Frankfurt 1997; U. Beck (Hg.), Politik der Globalisierung, Frankfurt 1998; U. Bartosch, J. Wagner (Hg.), Weltinnenpolitik, Münster 1998; U. Menzel, Globalisierung versus Fragmentierung, Frankfurt 1998; H.-P. Martin, H. Schumann, Die Globalisierungfalle, Hamburg 1998; P. Beyer, Religion and Globalization, London 1994; H. Küng, K.-J. Kuschel (Hg.), Wissenschaft und Weltethos, München 1998; R. Schreiter, Die neue Katholizität. Globalisierung und die Theologie, Frankfurt 1997.

[2] Wissenschaftliche Arbeitsgruppe für weltkirchliche Aufgaben der Deutschen Bischofskonferenz (Hg.), Die vielen Gesichter der Globalisierung. Perspektiven einer menschengerechten Weltordnung, Bonn 1999, 12.

Seit geraumer Zeit wird intensiv vor den *bedrohlichen* Seiten der Globalisierung gewarnt. So geht es in der für das „Parlament der Religionen der Welt“ in Kapstadt (1999) veröffentlichten Studie „Threshold 2000“[3], bei der es sich um die mehrmals überarbeitete und verkürzte Ausgabe des 1980 erschienenen Berichtes an den amerikanischen Präsidenten „Global 2000“[4] handelt, um die Zukunft der bedrohten Erde und das Überleben der Menschheit. Denn, wie der Herausgeber Barney ausführt, „was wir wirklich haben, ist eine Armuts – Hunger / Nahrungsmittel – Lebensraum – Energie – Bevölkerungs – Atmosphäre / Umwelt – Verschwendungs – Ressourcen – Rohstoff – Problematik. Dieses Mega-Problem ist so neu, dass wir nicht einmal einen Namen dafür hatten bis 1970, als der verstorbene Dr. Aurelio Peccei es beschrieben hat als `globale Problematik´“[5]. Dadurch, dass unsere Welt in Zukunft immer mehr räumlich, zeitlich und kausal vernetzt ist, hängen diese Probleme eng miteinander zusammen und können nicht unabhängig voneinander bewältigt werden.[6] So ist nicht vorauszusehen, wie beispielsweise bei stetig wachsender Weltbevölkerung, von der fast 90% in den sogenannten Entwicklungs- und Schwellenländern leben wird, der äußere Friede zwischen den Völkern und der innere Friede durch gerechten Ausgleich gesichert werden kann. Die globale Produktion wird wohl vor allem durch die Industrieländer immens gesteigert werden, was aber zu einer drastischen Verknappung natürlicher Ressourcen führen wird. Andererseits gibt es bisher keine Alternative zu wirtschaftlichem Wachstum, um in den Entwicklungsländern die Armut und in den Industrieländern die Arbeitslosigkeit zu bekämpfen. Dieses Wachstum der Produktion führt wohl gemäß der neo-liberalen Denkweise zu zunehmender globaler Integration, zugleich aber zu einem Prozess der Marginalisierung von sozialen Gruppen und möglicherweise von ganzen Staaten, die sich auf dem Weltmarkt nicht behaupten können. Auf der Weltebene gibt es bisher keine regulativen Maßnahmen, keine globale Sozialpolitik, um wirtschaftliches Wachstum und gerechten Ausgleich in Einklang zu bringen. Das weist darauf hin, dass – entgegen demokratischem Verständnis – die Politik sich immer mehr der (neo-liberalen) Ökonomie und damit dem Diktat der Märkte unterordnet. Diese grundsätzlichen ökonomisch-politischen Prognosen werden noch verschärft durch gegenwärtige Spaltungen der menschlichen Gesellschaft aufgrund von Nationalismus, Rassismus, Fremdenfeindlichkeit, Intoleranz und sexueller Ausbeutung, durch die grundsätzlich ungleiche Verteilung der Güter, durch die

---

3 Vgl. G.O. Barney u.a., Threshold 2000. Critical Issues and Spiritual Values for a Global Age, Ada 1999.

4 Vgl. Council on Environmental Quality u.a., Global 2000. Der Bericht an den Präsidenten, Frankfurt 1980.

5 G.O. Barney, The Cristical Issues, in: Barney u.a., a.a.O., 25 (Übers. N. K.).

6 Zum Folgenden: I. Hauchler, Entwickelt sich eine Diktatur des Kapitals? Trends der Weltentwicklung, in: U. Bartosch, J. Wagner, a.a.O., 72-80.

Extreme von Reichtum und Armut, durch Ungerechtigkeit und Unterdrückung und durch die Bedrohung durch zerstörerische Waffensysteme. Allerdings ist im Einzelnen nicht auszumachen, inwieweit diese jeweiligen Probleme auf den Prozess der Globalisierung zurückzuführen sind.

2. Die Herausforderung der Religionen

Erstaunlich ist, dass sich die Autoren der eben genannten Millennium-Studie mit ihren aufwühlenden globalen Analysen nicht mehr wie in den ersten Auflagen vornehmlich an Politiker, Wirtschaftsexperten und Institutionen wie die Vereinten Nationen wenden, sondern unter Einbezug von ethischen und spirituellen Texten die Führer der Religionen herausfordern, verantwortlich Kriterien für die notwendigen Veränderungen im Umgang mit der Erde und die wichtigsten spirituellen und ethischen Werte, herauszustellen und sich *gemeinsam* verstärkt für das gegenwärtige und zukünftige materielle und geistige Leben der Menschheit einzusetzen.[7] Es sind nicht nur Wissenschaftler, die diese Kooperation der Religionen im Prozess der Globalisierung fordern. Trotz der Bedenken, dass Religionen eher Konflikte fördern als helfen sie zu überwinden,[8] heben immer wieder politisch engagierte Persönlichkeiten wie beispielsweise Mary Robinson,[9] die Hochkommissarin der UNO für Menschenrechtsfragen, die Notwendigkeit der interreligiösen Zusammenarbeit für eine menschenwürdige Zukunft hervor. „Da im Allgemeinen für Religionen die Würde der menschlichen Person zuinnerst bezogen ist auf das Bewußtsein und das Verständnis von Gott, nach dessen Bild entsprechend die Menschen geschaffen sind", ist der „Dialog zwischen Kulturen und Religionen [...] für die Verteidigung der Menschenrechte" unabdingbar. Ähnliches betonte UN-Generalsekretär Kofi Annan im August 2000 vor über 1000 Führern aller Religionen der Welt in der UNO in New York.

Die Weltreligionen selber beginnen sich allmählich auf diesen Prozess der Globalisierung einzustellen. Wohl sind sie grundsätzlich globale Akteure und schon immer universal ausgerichtet und damit interkulturell angelegt. Sie beziehen sich jeweils auf *alle* Menschen dieser Erde und beanspruchen, den Grund und den Sinn dieses Lebens für die gesamte Menschheit mit all ihren unterschiedlichen Kulturen zu vermitteln. In den manchmal Jahrtausende alten religiösen

---

7 Vgl. P. F. Knitter, Die Zukunft der Erde. Die gemeinsame Verantwortung der Religionen, München 1998.

8 Vgl. S. P. Huntington, The Clash of Civilizations?, in: Foreign Affairs 72 (1993) Nr. 3, 22-49; ders., Kampf der Kulturen. Die Neugestaltung der Weltpolitik im 21. Jahrhundert, München 1998.

9 Vgl. M. Robinson, The Universal Declaration of Human Rights (unveröffentlichte Ansprache an der Universität Oslo, im August 1998).

Traditionen finden sich zahlreiche zukunftsweisende Aussagen und Bekenntnisse über die letzte Einheit der Wirklichkeit im göttlichen Brahman, in der Buddha-Natur, im Schöpfergott – von Gott her auf Gott hin. Es gibt Aussagen über die im Göttlichen gegründete Würde von Mann und Frau, die Würde der Kinder, die Würde menschlicher Gemeinschaft und über das Ziel menschlichen Zusammenlebens in Gerechtigkeit, Freiheit und nachhaltiger Harmonie mit dem Kosmos. All dies soll eine „globale Verantwortung für alle Menschen und damit eine weltweite und generationenübergreifende Solidarität fördern[10]. Viele Religionen bringen zudem ihre Glaubensüberzeugungen im sozialen Engagement glaubwürdig zum Ausdruck. Moderne religiöse Organisationen wie das „Internationale Netzwerk engagierter Buddhisten – INEB", die hinduistische „Rama-Krishna-Mission", die „Gandhi Peace Foundation", die „International Islamic Relief Organization", die zahlreichen christlichen Entwicklungshilfeorganisationen und soziale Bewegungen wie das ökumenische „Komitee für Entwicklung, Gerechtigkeit und Frieden – SODEPAX" wirken mit bei der humanen Gestaltung der Globalisierung und setzen sich auseinander mit Momenten der „globalen Problematik". Allerdings lässt die Wahrnehmung des im Prozess der Globalisierung immer deutlicher hervortretenden kulturellen und religiösen Pluralismus und die sich daraus ergebende Herausforderung zur interreligiösen Zusammenarbeit innerhalb eines Kulturkreises oder zwischen verschiedenen Kulturen auf dem Weg zu einer menschenwürdigen Zukunft noch sehr zu wünschen übrig. Nur vereinzelt gibt es wichtige Anzeichen eines sich sehr langsam wandelnden globalen und damit dialogischen Bewusstseins. Sie zeigen sich in den dialogischen Bemühungen vor allem der christlichen Kirchen, die zum Beispiel in der Arbeit des „Päpstlichen Rates für den Dialog zwischen den Religionen" und im „Büro für Interreligiöse Beziehungen" des Ökumenischen Rates der Kirchen ihren lebendigen Ausdruck finden, aber auch in der des „International Jewish Committee on Inter-Religious Consultations" und der des „Office for Interreligious Affairs" der islamischen Weltliga. Auf die zahllosen bedeutsamen interreligiösen Initiativen auf lokaler Ebene, die wohl global ausgerichtet, zumeist aber international nicht wahrgenommen werden, dennoch keineswegs wirkungslos sind, kann hier nur hingewiesen werden.

Darüber hinaus gibt es auch – vor allem in den christlichen Kirchen – *theologisch* begründete Anstöße, diesen auf die ganze Welt ausgerichteten Dialog zu wagen. So betonte beispielsweise Papst Johannes Paul II., dass bei interreligiösen Begegnungen wie bei der von ihm initiierten in Assisi 1986, ein „Geheimnis der Einheit trotz der Unterschiede in den religiösen Bekenntnissen" offenbar wird. Der „Dialog" selber wird als göttliches Unternehmen aufgefasst, das „der

[10] Wissenschaftliche Arbeitsgruppe für weltkirchliche Aufgaben der Deutschen Bischofskonferenz, a.a.O., 42.

göttlichen Initiative entspringt, mit der Menschheit" in der Menschwerdung Gottes „in Dialog zu treten". Am Ende der interreligiösen Begegnung in Assisi sagte der Papst zu den religiösen Führern: „Lasst uns darin eine Vorwegnahme dessen sehen, was Gott von der geschichtlichen Entwicklung der Menschen gern verwirklicht sehen möchte: eine brüderliche Wanderung, auf der wir uns gegenseitig begleiten zum transzendenten Ziel, das er uns gesetzt hat."[11] Das theologische Modell einer solchen modernen Aussage ist nicht mehr wie noch in den 50er Jahren das der statisch mit der „Fülle der göttlichen Gegenwart ausgestatteten Kirche", durch die hindurch Gott die übrige Welt mit ihren Kulturen und Religionen auf sich hinbezieht und erlöst, sondern das der gemeinsamen Wallfahrt aller Religionen und Kulturen einschließlich des Christentums auf das letzte gottgegebene Ziel zu, auf dessen Marsch die Kirche dialogisch ihre besondere Vermittlung der Offenbarung Christi verwirklichen will und so ihre Identität findet. Dieser Grundvision entspricht in Bezug auf die *gesellschaftsbezogene* Tätigkeit der Katholischen Kirche die zunehmende Einsicht in die explizit interreligiösen und interethnischen Dimensionen sowohl der Krisen unserer Welt als auch des Einsatzes für Gerechtigkeit und Frieden. So wandte sich beispielsweise 1995 der Päpstliche Rat für den interreligiösen Dialog in Grußbotschaften zu den großen religiösen Festen an die Anhänger des Islams, Buddhismus und Hinduismus und schlug angesichts der globalen ökologischen Krise vor: „Die Erhaltung der Umwelt und der natürlichen Ressourcen betrifft die gesamte menschliche Gemeinschaft [...] Liegt hier nicht ein Wert, den die Gläubigen aller Religionen [...] teilen? Können wir uns nicht gemeinsam für das Wohl zukünftiger Generationen einsetzen, indem wir Erde, Luft und Wasser mit Respekt behandeln?"[12] Das Echo auf diese Initiative war sehr positiv.

Der Ökumenische Rat der Kirchen (ÖRK) entwickelte ähnliche Vorstellungen. So wurde beispielsweise in einem Programm der Dialogabteilung des ÖRK über die Wichtigkeit einer politischen Ethik darauf bestanden, „dass die interreligiösen, inter-kulturellen und inter-dialogischen Dimensionen [...] in jedem gemeinsamen Kampf für Gerechtigkeit und Nachhaltigkeit erkundet werden müssen".[13] Auf der Vollversammlung des ÖRK in Harare (Zimbabwe 1998) bekannten sich im Gottesdienst nach der 50-Jahrfeier mit Nelson Mandela die Teilnehmer zu einer „Vision für die ökumenische Bewegung", gemäß der sie

---

[11] Zitiert nach: Päpstlicher Rat für den Interreligiösen Dialog, Kongregation für die Evangelisierung der Völker, Dialog und Verkündigung (Verlautbarung des Apostolischen Stuhls 102), Bonn 1991, Nr. 79, Fußnote 17.

[12] Bericht in: „Die Katholische Missionen" (KM) 115 (1996) Nr. 1, 5f.

[13] World Council of Churches (Hg.), Nairobi to Vancouver 1975-1983. Report of the Central Committee to the Sixth Assembly of the World Council of Churches, Geneve 1983, 113f. (Übers. N. K.).

sich verpflichteten, sich unter anderem „für eine Kultur des Dialoges und der Solidarität zu öffnen, das Leben mit Fremden zu teilen und die Begegnung mit Menschen anderer Religionen [other faiths] zu suchen“[14]. In der „Erklärung über die Menschenrechte“ wird unter den „neuen Herausforderungen“ die interreligiöse Zusammenarbeit gefordert.[15]

Gemäß dem bisher Gesagten ist es offensichtlich, dass dieser interreligiöse Dialog *alle* Dimensionen menschlicher Existenz umfasst. Dementsprechend werden auch mehrmals von kirchlichen Kreisen verschiedene Arten dieses Dialogs beschrieben, die miteinander verknüpft sind.[16] So gibt es

- den interreligiösen Dialog des Lebens, in dem Freud und Leid im Alltag miteinander geteilt werden,
- den Dialog des theologischen Austausches, in dem Experten ihr Verständnis der jeweiligen anderen religiösen Tradition vertiefen und die gegenseitigen Werte erarbeiten und schätzen lernen,
- den Dialog der religiösen Erfahrung, in dem der spirituelle Reichtum der Religionen in Gebet, Meditation, Gottsuche und Verwirklichung des Absoluten miteinander geteilt wird, und schließlich
- den die „globale Problematik“ betreffenden interreligiösen Dialog des gesellschaftlichen Handelns, in dem der umfassende Friede, soziale Gerechtigkeit, Eintreten für Menschenrechte und kulturelle Werte und die Befreiung der Menschen angezielt werden.

Diesen letzteren gesellschaftsbezogenen Dialog betonen vor allem die zahlreichen *interreligiösen Organisationen*. Interreligiöse Gruppen und Dialogbewegungen,[17] die sich den weltweiten Dialog der Religionen zum Ziel setzen, haben weniger Schwierigkeiten als die einzelnen großen Religionen, auf die vielfältigen Herausforderungen der Globalisierung durch interreligiöse Zusammenarbeit einzugehen. Es handelt sich dabei um Initiativen und Bewegungen, die nicht auf

---

14 M. Conway, Journeying Together towards the Jubilee. The World Council of Churches meets in its 8th- and 50th. Anniversary Assembly, Oxford 1999, 65 (Übers. N. K.).

15 A.a.O., 10 und 54.

16 Vgl. Papst Johannes Paul II., Enzyklika Redemptoris Missio (Verlautbarungen des Apostolischen Stuhls 100), Bonn 1990, Nr. 55-57. Päpstlicher Rat für den Interreligiösen Dialog, a.a.O., Nr. 9, 42-46; Kardinal F. Arinzes Ansprache auf dem deutschen Katholikentag in Karlsruhe 1992: Christen und Muslime – Herausforderung zum Dialog, in: Moslemische Revue 12 (1992), 169-182, hier 174-176.

17 M. Braybrooke, Inter-Faith Organizations 1893-1979. An Historical Directory, New York 1980; ders., Pilgrimage of Hope. One Hundred Years of Global Interfaith Dialogue, London 1992; ders., Faith and Interfaith in a Global Age, Oxford 1998; R. Traer, Quest for Truth. Critical Reflections on Interfaith Cooperation, Aurora 1999.

der Basis einer bestimmten einzelnen Religion entstanden sind und so dem Pluralismus der Kulturen und Religionen Rechnung tragen.[18]

3. Organisationen der interreligiösen Zusammenarbeit

Unter der Vielzahl von interreligiösen Gruppen gibt es einige traditionelle wie den seit 1914 bestehenden gewaltfreien „Internationalen Versöhnungsbund" (International Fellowship of Reconciliation – IFOR), zu dem heute Menschen aller Religionen in 50 Ländern gehören. Zu den Neugründungen zählt die aus Anlass der 50-Jahrfeier der UNO 1995 von Bischof Swing und anderen geschaffene „United Religions Initiative" (URI). Sie versteht sich als Organisation, die sich parallel zu den „Vereinten Nationen" allmählich auf das Ziel der „Vereinten Religionen" zu bewegt. Erwähnenswert ist auch das 1995 in der Nähe Londons gegründete „Peace Council", an dem bekannte Persönlichkeiten aller Religionen wie der Dalai Lama und Erzbischof D. Tutu teilnehmen, und dessen Einfluss auf der moralischen Autorität ihrer Mitglieder beruht. Im Zusammenhang mit der Rolle der Wirtschaft im Prozess der Globalisierung ist besonders wichtig die Initiative des sogenannten „World Faiths Development Dialogue" (WFDD), in der seit 1998 Vertreter der Weltbank und der Weltreligionen zur Überwindung der weltweiten Armut zusammenarbeiten. Ein Ziel für den Präsidenten der Weltbank, Mr. Wolfensohn, ist es, die Anerkennung der Wichtigkeit spiritueller und moralischer Werte für alle Aspekte der Arbeit der Weltbank durchzusetzen. Die größten internationalen, interreligiösen etablierten Bewegungen sind heute die „International Association for Religious Freedom" (Weltbund für religiöse Freiheit 1900), der World Congress of Faiths (1936), der Temple of Understanding (1960) und die World Conference on Religion and Peace (Weltkonferenz der Religionen für den Frieden 1970).

3.1 Die International Association for Religious Freedom

Die *International Association for Religious Freedom* (IARF)[19] ist die älteste heute existierende interreligiöse Bewegung. Sie wurde 1900 gegründet, um nach ihrem Selbstverständnis die interreligiöse Arbeit im Geist des Weltparlamentes von 1893 weiterzuführen. Die IARF zählt heute mehr als 60 Mitgliedsgruppen in 25 Ländern. Individuelle Mitglieder kommen aus allen Weltreligionen. Sie

---

[18] Die „Assembly of the World's Religions" und der „Council of the World's Religions" wurden auf der Basis *einer* religiösen Bewegung, der Vereinigungskirche des S. M. Moon, errichtet und werden deshalb nicht weiter behandelt.

[19] Vgl. M. Braybrooke 1992, a.a.O., 43-62; R. Traer 1999, a.a.O.; vgl. die Zeitschrift: IARF-WORLD oder das Faltblatt IARF 1999.

wurde 1900 von Unitariern und Freikirchlern in den USA ursprünglich zur Förderung liberaler Werte als „International Council of Unitarian and Other Liberal Religious Thinkers and Workers“ gegründet. Auf einem großen Kongress 1910 in Berlin waren etwa 2000 Teilnehmer anwesend, in einer Zeit, in der die liberale Theologie in Deutschland immer mehr an Bedeutung gewann. Unter anderem hielten die Theologen Adolf Harnack, Wihelm Bousset und Ernst Troeltsch wichtige Vorträge. Aus der Sorge vor staatlichem und kirchlichem Druck wurde der Name der Bewegung gegen den Wunsch der Amerikaner wiederum geändert in: The International Congress of Free Christians and Other Religious Liberals.

Die wichtigste Phase begann mit dem Kongress in Boston 1969. Hier setzte sich der bis heute gültige Name International Association for Religious Freedom durch. Der Frankfurter unitarische Pfarrer und Generalsekretär der IARF von 1972 bis 1990, Dieter Gehrmann, sieht diese Entwicklung als Beginn der eigentlichen „interreligiösen Vision“ der IARF an. „Was als Initiative der liberalen Christenheit begann, schloss allmählich liberale und Reformbewegungen aller Religionen ein, entwickelte sich dann in eine interreligiöse Koalition für soziale Gerechtigkeit und Weltfrieden, die die Abgrenzung zwischen `liberal´ und `konservativ´ aufgibt, und geht nun über in die Phase einer Ökumene der religiösen Gemeinschaften der Welt.“[20]

Hier ist eine der grundlegenden Charakteristika dieser Bewegung angesprochen. Von Beginn an hat sie religiöse Gruppen, Reformbewegungen und lokale religiöse Gemeinschaften bzw. Gemeinden als ganze, als kooperative Mitglieder einbezogen. Diese waren zumeist Unitarier verschiedener Traditionen, die alle eine aufgeklärte Dogmenfreiheit vertreten, und freikirchliche Gruppen, aber auch vereinzelte außerchristliche Bewegungen. All diesen Organisationen ist die liberale Sichtweise gemeinsam. Dies gibt der IARF Einheit, macht die Bewegung allerdings auch einseitig. Orthodoxere Gruppierungen sind nicht vertreten. Die großen christlichen Kirchen und Gemeinschaften und islamische Organisationen nehmen als solche an IARF-Veranstaltungen nicht teil. In den letzten Jahren hat die IARF mehr Anhänger aus den großen asiatischen Religionen gewonnen. Ihre Programme sind gezielter auf die Probleme der Globalisierung abgestimmt. Das Thema des letzten Weltkongresses in Vancouver, Kanada (1999) lautete: „Eine Erdengemeinschaft schaffen – ein religiöser Imperativ“. Der Generalsekretär stellte seinen Bericht unter dieses Thema und führte aus: „In einem Kongress, der die Wirkungen der Globalisierung auf die Menschen unserer Welt behandelt, sollte es hilfreich sein, die IARF auch unter derselben Perspektive zu evaluieren.“[21] In einem neuen Faltblatt, das nach dem Kongress in Vancouver 1999 he-

---

[20] D. Gehrmann, Echos of Peace 3 (1984) Nr. 2, 4-7 (Übers. N. K.).

[21] Zitiert nach: IARF-WORLD 1999 (Nr. 2) 2, (Übers. N. K.); vgl. IARF Vancouver Congress, in: Dharma World 26 (1999), Nov./Dez., 20f.

rauskam, verpflichtet sich die IARF, „lokale Initiativen für ein harmonisches kommunales Zusammenleben [...] zu unterstützen [...], eine Erdengemeinschaft zu schaffen, die Religionsfreiheit und andere fundamentale Menschenrechte schützt und die gerechte und nachhaltige Entwicklung für alle Menschen fördert."[22]

3.2 Der World Congress of Faiths

Auch die zweite interreligiöse Bewegung, der *World Congress of Faiths* (WCF),[23] verdankt ihre Entstehung im weitesten Sinn dem Weltparlament der Religionen in Chicago 1893. Der britische Offizier Sir Francis Younghusband suchte Anfang der dreißiger Jahre seine mystischen Erfahrungen der Einheit aller Menschen im Göttlichen praktisch in eine interreligiöse Bewegung in England umzusetzen. In der Kriegs- und Nachkriegszeit machte der WCF keine großen organisatorischen Fortschritte. Unitarische und neo-hinduistische Glaubensansichten brachten immer wieder den Vorwurf des Synkretismus ein. Erst in den siebziger Jahren wuchs nicht zuletzt wegen der Einwanderung vieler Muslime, Hindus und Sikhs nach England, der wachsenden religiösen und rassischen Intoleranz und der Verminderung des gesellschaftlichen Einflusses der anglikanischen Kirche das Interesse an Weltreligionen. Das Klima für interreligiöse Beziehungen wurde offener. In den letzten Jahren ging es immer mehr um die Zusammenarbeit mit anderen interreligiösen Organisationen in Großbritannien und in anderen Ländern. Nach eigenem Verständnis hat der WCF die Führung übernommen im Bemühen, interreligiöse Gruppen in der ganzen Welt miteinander in Verbindung zu bringen. Folgerichtig unterstützte sie mit all ihren relativ begrenzten Mitteln die Gründung eines „Interfaith Network for the United Kingdom".[24]

Aufgrund der multikulturellen Situation in Großbritannien gibt es bereits seit längerer Zeit im Unterschied zu anderen Ländern wie Deutschland in den meisten Städten interreligiöse und interkulturelle Arbeitsgruppen. Das Interfaith Network wurde 1987 eingerichtet und verbindet heute ungefähr 70 Organisationen. Der WCF selber hält eifrigen Kontakt zu religiösen Gruppierungen in der ganzen Welt, wird dort aber kaum durch eigene Gruppen vertreten. – Der vom

---

[22] Faltblatt IARF 1999 (Übers. N. K.).

[23] Vgl. M. Braybrooke, A Wider Vision. A History of the World Congress of Faiths, Oxford 1996; R. Kirste, Auf dem Weg zu interreligiösem Verstehen. Das Jahr 1993 und der World Congress of Faiths (WCF), in: R. Kirste, P. Schwarzenau, U. Tworuschka (Hg.), Religionen im Gespräch. Bd. 2, Balve 1992, 469-478.

[24] Vgl. P. Weller (Hg.), Religions in the UK. A Multi-Faith Directory, Derby 1997; vgl. auch die Zeitschrift „Interfaith".

Theologen und Religionswissenschaftler Rudolf Otto 1921 gegründete „Religiöser Menschheitsbund"[25] wurde 1957 unter anderem durch den Marburger Religionswissenschaftler Friedrich Heiler als deutscher Zweig des WCF neu eingeführt. Später löste er sich aber in der IARF auf. Die internationale Arbeit des World Congress of Faiths ist also sehr schwach.

Zur Straffung ihrer finanziellen und organisatorischen Kräfte und zur Verstärkung der interreligiösen Arbeit haben die IARF und der World Congress of Faiths in Oxford 1993 gemeinsam mit dem Westminster College ein *„International Interfaith Center"*[26] gegründet, das ihnen als jeweilige Zentrale ihrer Bewegung dient. Ziel ist unter anderem, ein Informations- und Kommunikationszentrum für die zahllosen, weltweiten, kleinen und großen interreligiösen Aktivitäten und Bewegungen zu schaffen, sich auszutauschen und das gegenseitige Verstehen zu fördern. Denn, wie Marcus Braybrooke es 1993 begründete: „Der Zusammenfluß so vieler Bäche neuen Lebens wird einen genügend starken Strom schaffen, um die Flecken der ethnischen Säuberungen, des Rassismus, Sexismus, der Diskriminierung, des Fundamentalismus und der Apartheid wegzuwaschen. Viele Menschen sehnen sich nach einer Welt, die auf spirituellen Prinzipien aufbaut. Es ist notwendig, daß die, die diese Hoffnung teilen, auch ihre Energien teilen." [27] Im März 2001 organisierte das Zentrum in Oxford eine Zusammenkunft aller großen „International Interfaith Organisations", bei der versucht wurde, die zukünftige interreligiöse Arbeit weltweit zu koordinieren, um besser auf die Herausforderungen der Globalisierung antworten zu können.

3.3 Die interreligiöse Bewegung „Temple of Understanding"

Die dritte internationale interreligiöse Bewegung *„Temple of Understanding"*[28] wurde 1960 in den USA von Judith Hollister gegründet. Sie hatte die Vision, ein Gebäude, einen „Tempel" zu errichten und die Führer der Religionen der Welt zur Vertiefung des gegenseitigen Verständnisses zu versammeln. Sie reiste um die ganze Welt und traf Politiker und religiöse Persönlichkeiten, um für die Idee eines „Temple of Understanding", eine Art von „geistiger Vereinter Nationen" zu werben.

Besonders hervorzuheben sind die Beziehungen des Temple of Understanding zu den Vereinten Nationen. Gemeinsam mit der „Pacem in Terris Society" des

---

[25] Vgl. F. Obergethmann, Rudolf Ottos „Religiöser Menschheitbund" – ein Kapitel interreligiöser Begegnung zwischen den Weltkriegen, in: Zeitschrift für Religionswissenschaft 6 (1998) 79-106.

[26] Vgl. den Newsletter des International Interfaith Center.

[27] M. Braybrooke 1996, a.a.O., 174 (Übers. N. K.).

[28] Vgl. M. Braybrooke 1992, a.a.O., 93-113.

UN-Personals organisieren sie monatliche Symposien mit hervorragenden religiösen Führern und Wissenschaftlern über Themen wie „Perspektiven in der Golfkrise“; „Einheit und Verschiedenheit des Islam“; „Fördert Religion Vorurteile?“. 1997 vereinigte sich der Temple of Understanding mit dem neu errichteten „*Interfaith Center*“ in New York, das vor allem internationale Programme in Koordination mit verschiedenen UN-Organisationen durchführt. Dieses „Center“ wirkte entscheidend mit bei der Organisation und Durchführung des „Millennium Welt-Friedensgipfels religiöser und spiritueller Führer“ in der UNO (New York) im August 2000. Insgesamt ist der Temple of Understanding zu sehr auf die Vereinigten Staaten beschränkt. Die interreligiöse Arbeit geschieht vorwiegend dort. Allerdings gibt es oft enge Beziehungen zu allen für den Dialog offenen Religionen und religiösen Gruppen in der ganzen Welt.

4. Entwicklungen interreligiöser Friedensarbeit am Beispiel der Weltkonferenz der Religionen für den Frieden

Anlass für die Gründung der *Weltkonferenz der Religionen für den Frieden*[29] waren die Bekämpfung der nuklearen Aufrüstung und anderer Bedrohungen, die das Überleben der Menschheit gefährden, und der Einsatz für einen dauernden Frieden in der Welt. Sie wurde durch Initiative von indischen Hindus, japanischen Buddhisten und amerikanischen Juden und Christen 1969 ins Leben gerufen. Die erste Weltversammlung fand 1970 in Kyoto (Japan) statt. In Kyoto beschrieb der damalige Präsident Erzbischof Angelo Fernandes von Delhi die Bewegung als „Kommunionismus der Tat“ für den Frieden. Es sei wesentlich, dass die Religionen als solche *gemeinsam* an der Verwirklichung des Weltfriedens beteiligt sind. Dabei geht es der WCRP nicht mehr um die Religionen selber, sondern um die Zukunft dieser Welt. Angesichts der Überlebensfragen auf unserem Erdball müssen sich die Religionen relativieren und sich aus voller Verantwortung gemeinsam in den Dienst der großen Zukunftsprobleme der Menschheit stellen. Sie sind gefordert, das tiefste ihrer jeweiligen Traditionen und ihrer Spiritualität einzusetzen für alle Belange, die den Frieden der Welt fördern. Es wird also *nicht* unmittelbar angestrebt, Momente der Einheit und der Verschiedenheit der Religionen zu entdecken, sich gegenseitig tiefer zu verstehen und direkte Gespräche über Glaubenswahrheiten und die letzte Wahrheit der jeweiligen Religion zu führen. Praktisch gesehen haben solche interreligiösen Begegnungen,

[29] Vgl. H. Jack, WCRP: A History of the World Conference on Religion and Peace, New York 1993; G. Gebhardt, Zum Frieden bewegen. Friedenserziehung in religiösen Friedensbewegungen, Hamburg 1994, 84-188; N. Klaes, Erfahrungen in der „Weltkonferenz der Religionen für den Frieden“ (WCRP), in: A. Peter (Hg.), Christlicher Glaube in multireligiöser Gesellschaft, Immensee 1996, 91-108.

die nicht die Wahrheit der Religionen sondern die Bedürfnisse der Welt anzielen, den Vorteil der Entkrampfung, befreien von der Angst, vereinnahmt zu werden, der anderen Religion unterlegen zu sein oder die eigene Überlegenheit beweisen zu müssen. Das Problem der Verbindlichkeit des eigenen oder fremden Glaubens wird ausgeklammert, missionarisches Verhalten in der Zusammenarbeit wird abgelehnt, synkretistische Tendenzen werden strikt zurückgewiesen. Allerdings spielt das Verstehen der unterschiedlichen universalen Glaubensansprüche für die Praxis der interreligiösen partnerschaftlichen Zusammenarbeit eine nicht unbedeutende Rolle.

In ihrer 30-jährigen Geschichte ist die WCRP immer mehr zu einer anerkannten Weltbewegung geworden, die als Nicht-Regierungs-Organisation (NGO) bei der UNO vertreten ist. Sie hat sich bisher besonders auseinandergesetzt mit den Themen der Abrüstung, der Konfliktbewältigung, der Menschenrechte und hier insbesondere im Kampf gegen Rassismus und Diskriminierung, der Rechte der Kinder, der Flüchtlingsproblematik, der sozialen und wirtschaftlichen Entwicklung, der Umwelt und der Friedenserziehung. Sie wird zunehmend gefordert, ihren interreligiösen Einfluss auf Weltebene besonders bei der UNO geltend zu machen. So organisierte sie auf Ersuchen von UNICEF eine internationale interreligiöse Konferenz in Princeton (Juli 1990), deren Ergebnisse und „Aktionsplan" den 71 Staatsoberhäuptern, die am Weltgipfel für Kinder in New York (September 1990) teilnahmen, übergeben wurden. Am UN-Gipfel für Umwelt und Entwicklung („Riokonferenz" 1992) war die WCRP auf ähnliche Weise beteiligt wie an der Weltbevölkerungskonferenz in Kairo 1994. Nach Gesprächen mit dem Vorsitzenden des UN-Sozialgipfels (World Summit for Social Development), Somavia, der auf der Versammlung in Riva eine Ansprache hielt, wurde sie aufgefordert, auf dem Sozialgipfel in Kopenhagen (März 1995) programmatisch mitzuwirken. Sie veranstaltete dort am 9. März ein Symposium über Entwicklung und die Religionen und überreichte dem Vorsitzenden Somavia eine interreligiöse Erklärung. 1999 organisierte die WCRP in New York eine Arbeitsgruppe von NGO's, um den „Kopenhagen-Sozialgipfel-Rückblick" der UNO im Juni 2000 über die Koordinierung von globaler Sozialpolitik und globaler Wirtschaftspolitik aktiv zu begleiten und positiv zu beeinflussen. Der „Governing Board" der WCRP hielt 1998 in Tokyo eine gemeinsame Tagung mit dem „United Nations Development Program" (UNDP) über „Religion, Entwicklung und Ausrottung der Armut".

Neben der eher globalen Ausrichtung ist die WCRP gleichzeitig eine *basisorientierte* Bewegung. Bisher ist sie in 32 Ländern Asiens, Afrikas, Amerikas und Europas durch lokale und nationale Gruppen (Chapters) vertreten. Die meisten Programme und Aktionen gehen von diesen Komitees aus. Darüber hinaus haben sich die Asiaten (ACRP) und Europäer (WCRP/Europa) regionale Strukturen gegeben, durch welche die eher kontinentalen Belange aufgefangen werden sollen. Es gibt nationale Gruppen in Belgien, Deutschland, Frankreich, Großbritannien, Italien, Kroatien, Niederlande, Österreich, Schweden, Rumänien und Bosnien. In Deutschland gibt es in 12 größeren Städten örtliche WCRP-Gruppen. 1998 kamen zum ersten Mal führende Vertreter und Repräsentanten der großen Religionsgemeinschaften in Deutschland (Evangelische Kirche, Katholische Kirche, Orthodoxe Kirche, Judentum, Islam, Buddhismus, Hinduismus, Bahai) auf Einladung der WCRP zu einem „Runden Tisch" in Mainz zusammen und wandten sich in einem „Brief der Religionen an Religionen in Deutschland" an die Öffentlichkeit. Im Juni 1999 trafen sich die Verantwortlichen zum dritten Mal. Seit 1995 wurde auf der *internationalen* Ebene eine paradigmatisch neue Projektarbeit begonnen, die eine immer größere Wichtigkeit im interreligiösen Dialog erhält. WCRP versucht zu bewirken, dass die großen Religionen, ihre Organisationen oder ihre religiösen Führer die interreligiöse Arbeit selber durchführen. Die WCRP hat dabei die Aufgabe, anfängliche Initiativen zu ergreifen, eine neutrale Plattform anzubieten, Organisationsmöglichkeiten bereit zu stellen und Vermittlungsarbeit zwischen den Partnern zu übernehmen. So nahmen Mitglieder von WCRP in den Kriegswirren Jugoslawiens Kontakt zu den religiösen Führern Bosniens auf und animierten sie, sich gemeinsam für den Frieden in ihrem von Krieg und Gewalt gebeutelten Land einzusetzen. Nach langwierigen, monatelangen Verhandlungen – nicht zuletzt durch die Vermittlung religiöser Persönlichkeiten aus verschiedenen Ländern und Religionen – unterzeichneten im Juni 1997 die religiösen Führer von Sarajevo, Mustafa Ceric, Leiter der islamischen Gemeinschaft in Bosnien-Herzegowina, der serbische Metropolit Dabrobosanski Nicolaj, auch im Namen von Patriarch Pavle von Belgrad, der katholische Erzbischof von Sarajewo Kardinal Vinko Pulic und der Präsident der jüdischen Gemeinschaft in Bosnien-Herzegowina Jakob Finci eine „Erklärung einer gemeinsamen moralischen Verpflichtung" (Statement of Shared Moral Commitment).[30] Diese ist an alle Glaubenden, an alle Bürger und die politischen Führer im Lande gerichtet und soll einem dauerhaften Frieden dienen. Die religiösen Führer betonten, dass ihre Religionen wohl unterschiedlich sind, dass sie aber doch viele Werte gemeinsam haben, die echte Grundlage für gegenseitige Hochschätzung, Zusammenarbeit und freies gemeinschaftliches bürgerliches Leben in Bosnien-Herzegowina sind. Besonders verdammten sie jegliche Gewalt, jeglichen Hass aufgrund von ethnischen oder religiösen Unterschieden und forderten Religionsfreiheit für alle religiösen Gemeinschaften und für alle einzelnen Menschen. Die goldene Regel als Maßstab bildet den Abschluss dieser Erklärung. Bei der offiziellen Unterzeichnung verkündeten die

[30] Vgl. das „Statement of Shared Moral Values", das von der WCRP 1997 veröffentlicht wurde.

Religionsführer ihre Absicht, eine neutrale Plattform eines „Interreligiösen Rates von Bosnien-Herzegowina“ in Sarajevo zu errichten. Die rechtliche Anerkennung des Rates ist nach zweijährigen Bemühungen endlich Ende 1999 durchgesetzt worden. Die Initiative der bosnischen religiösen Führer zeigte Wirkung im Kosovo-Konflikt.[31] Nach verschiedenen Kontaktaufnahmen konnte die WCRP im November 1999 aus Anlass ihrer siebten Weltversammlung in Amman (Jordanien) 40 religiöse Führer der jüdischen, muslimischen, orthodoxen, katholischen und evangelischen Gemeinschaften aus elf südosteuropäischen Ländern einladen. Sie trafen sich, um über die Zukunft des Kosovo zu beraten. Nach zweieinhalbtägigen, oft emotionsgeladenen Diskussionen, in denen jedoch der Wille zur Versöhnung und Zusammenarbeit immer wieder die Oberhand behielt, brachten sie in einer dreiseitigen Erklärung ihre gemeinsame Verantwortung für den Frieden zum Ausdruck.[32]

Nach Aussagen einzelner Teilnehmer hat es eine solche interreligiöse Begegnung noch niemals vorher in der Geschichte des Balkans gegeben. Im Februar 2000 folgten die muslimischen, orthodoxen und katholischen Führer des Kosovo einer Einladung des interreligiösen Rates von Bosnien nach Sarajevo und wandten sich dort in einem gemeinsamen moralischen Aufruf an ihre religiösen Anhänger, an die kommunalen Autoritäten des Kosovo und an die ausländischen Repräsentanten im Lande. Ähnlich wie in der bosnischen Erklärung von 1997 wird jede Form von Gewalt und Rache als Verletzung des göttlichen Gesetzes abgelehnt und aufgrund der gemeinsamen Werte Zusammenarbeit und freies gemeinsames bürgerliches Leben im gesamten Gebiet des Kosovo gefordert. Im April 2000 wurde der Interreligiöse Rat im Kosovo gegründet. Ähnliche Aktivitäten fanden in Sierra Leone, Äthiopien, Eritrea und Indonesien statt.

Ein wichtiges Moment der WCRP auf internationaler Ebene ist hiermit schon angesprochen und kommt in der Diskussion um die *Repräsentativität* der Teilnehmer aus verschiedenen Religionen zum Ausdruck. Programmatisch wurde bereits seit Anfang der neunziger Jahre versucht, die Religionen durch ihre Repräsentanten und durch die Leiter religiöser Organisationen vertreten zu lassen, um wirksamere interreligiöse globale Einfluss- und Aktionsmöglichkeiten eröffnen zu können.

Dieser Trend, führende Persönlichkeiten aller Religionen miteinander in Kontakt zu bringen, zur Zusammenarbeit zu bewegen und sie, wenn möglich, in das stark erweiterte Präsidium der WCRP und damit in das Leitungsgremium des

---

31 Vgl. W. Vendley, The Role of the WCRP in Peace for Kosovo, in: Dharma World 26 (1999), Sept./Okt., 6-9.

32 Vgl. das „Statement of Religious Leaders on Reconstruction and Development in South Eastern Europe“, Amman (Jordanien), 27. Nov. 1999.

„Governing Board“ zu holen, setzte sich verstärkt in den letzten Jahren fort und zeigte sich beispielsweise auf der siebten Weltkonferenz in Amman (Jordanien, November 1999). So nahm unter den über tausend Teilnehmern mit starker Beteiligung von Muslimen Sheikh Tantawi von der Al-Azhar Universität in Kairo teil – einer der einflussreichsten geistlichen Führer des Islam. In seiner Ansprache betonte er die Wichtigkeit des interreligiösen Dialoges. König Abdullah von Jordanien war Patron der Versammlung und Prinz El Hassan bin Talal von Jordanien wurde zum Vorsitzenden des Präsidiums für die nächsten Jahre gewählt. Der bisherige muslimische WCRP-Präsident Abdurrahman Wahid von Indonesien kam als neuer Staatspräsident von Indonesien nach Jordanien. Erzbischof Carey von Canterbury, Oberhaupt der anglikanischen Kirche, Metropolit Kyrill, Leiter des Außenamtes der russisch-orthodoxen Kirche in Moskau wie auch der neue Generalsekretär der reformierten Kirchen Setri Nyomi wurden in das Präsidium gewählt. Unter den Präsidenten und Ehrenpräsidenten gibt es allein vier römisch-katholische Kardinäle. Die Gründe für das wachsende offizielle Interesse an der interreligiösen Tätigkeit der WCRP sind vielfältig. Zunächst treten die Herausforderung und der Druck der wachsenden Globalisierung immer mehr ins Bewusstsein der großen Religionen. Von daher ist eine offizielle interreligiöse Zusammenarbeit auf der internationalen Ebene heute nicht mehr so „anrüchig“ wie noch vor dreißig Jahren, und das Beispiel derer, die als erste Religionsführer „mitmachten“, ist sicherlich ansteckend. Zudem besteht im Allgemeinen keine Angst, von dieser Bewegung vereinnahmt zu werden, wie Bischof Rossano vom Vatikan es vor Jahren einmal ausdrückte.

Allerdings wird diese Auffassung, dass die interreligiöse Zusammenarbeit für die Lösung globaler Probleme vor allem durch repräsentative Religionsvertreter zu leisten sei, bei weitem nicht von allen befürwortet. Vor allem in der WCRP gibt es eine unterschwellige Spannung und auch Vermittlungsversuche zwischen zwei Konzeptionen. Auf der einen Seite ist die interreligiöse Bewegung zu verstehen als ein die ganze Welt umfassendes Netz von religiösen Führungspersönlichkeiten, die Gemeinschaften repräsentieren, und die wiederum Schaltstellen für den Kontakt zu anderen Organisationen sind. Funktion dieser religiösen Führer ist es, vor allem für die jeweils wichtigen Friedensaufgaben der WCRP neben dem eigenen persönlichen Einsatz die richtigen Experten und Mitarbeiter bereit zu stellen. Gemeinsam sind sie befähigt, mit moralischer Autorität vor der Weltöffentlichkeit zu sprechen. Institutionell besteht die WCRP vorwiegend in einem sehr starken Sekretariat, das die Projekte initiiert, organisiert und die Kräfte bündelt. Die Finanzen werden von großen Organisationen und Stiftungen bereitgestellt. Nach der anderen Konzeption ist die WCRP eine interreligiöse Basisbewegung, die immer mehr die Menschen aller Religionen und Kulturen dazu gewinnen muss, sich für ein friedlicheres und von Toleranz getragenes Zusammenleben einzusetzen und gegen jegliche Form von Diskriminierung, Intoleranz und Gewalt vorzugehen. Nach dieser Auffassung muss die WCRP zu einer Massenbewegung aller Glaubenden aller Religionen werden. Beide Konzeptionen schließen sich selbstverständlich nicht gegenseitig aus und sind miteinander vereinbar. In der Praxis sind sie aber sehr schwer miteinander zu vermitteln. So kommen von der „Basis“ immer wieder die Vorwürfe, die Bestellung der Führungspersönlichkeiten verlaufe trotz langwieriger Wahlprozesse nicht immer demokratisch, der Arbeit der leitenden Gremien fehle die Transparenz und das starke Sekretariat binde die lokalen und regionalen Gruppen nicht genügend in die Entscheidungsprozesse mit ein.

5. „Weltrat der Religionen“ – ein Modell globaler interreligiöser Zusammenarbeit für die Zukunft?

Die Problematik der Repräsentativität der religiösen Teilnehmer und Mitarbeiter gibt es in allen global ausgerichteten interreligiösen Organisationen. Besonders relevant ist sie für die Erneuerungsbemühungen im Zusammenhang mit dem „Weltparlament der Religionen“. 1993 wurde in Chicago eine Hundertjahrfeier als *„Parlament der Religionen der Welt“*[33] organisiert. Etwa 6000 Menschen nahmen teil. Die Aufgabe, dem Parlament über die allgemeinen, eher unverbindlichen Programme hinaus Ziel und Richtung zu geben, hatte im Zentrum des Kongresses die sogenannte „Assembly“, an der etwa 200 geladene Religionsführer teilnahmen. Diese konzentrierten ihre Arbeit auf die Annahme des von Hans Küng und anderen erarbeiteten Dokumentes der globalen Ethik als gemeinsamer Grundlage aller Religionen. Auf dieser Basis sollten in Zukunft die Probleme der Globalisierung verantwortlich angegangen werden. Mit dieser Erklärung wurde in Chicago auf dem Papier bejaht, dass „wir Frauen und Männer sind, welche sich zu den Geboten und Praktiken der Religionen der Welt bekennen. Wir bekräftigen, daß sich in den Lehren der Religionen ein gemeinsamer Bestand von Kernwerten findet, und daß diese die Grundlage für ein Weltethos bilden“[34]. Aber in der Wirklichkeit waren diese „Religionen der Welt“ auf dieser Versammlung nur sehr unausgeglichen präsent und kaum repräsentativ vertreten.

Diese Problematik der Repräsentativität der Religionsvertreter setzte sich auch auf dem *„Parlament der Religionen der Welt“* 1999 in Kapstadt (Südafrika) fort. Es gab begeisternde religiöse und kulturelle Abendveranstaltungen – eine bewegende davon mit Nelson Mandela. Es gab mehr als achthundert zum Teil sehr interessante Vorträge und Seminare, in denen seltener neureligiöse Bewe-

---

[33] Vgl. W. Teasdale, G. Cairns (Hg.), The Community of Religions. Voices and Images of the Parlament of the World's Religions (1993), New York 1996.

[34] H. Küng, K. J. Kuschel (Hg.), Erklärung zum Weltethos, München 1993, 16.

gungen Eigenwerbung betrieben, häufiger kritisch Probleme der Globalisierung behandelt wurden. Allerdings geschah die eigentliche Fortsetzung des Kongresses von Chicago (1993) ein wenig verborgen nur in der „Assembly" der Religionsführer. Hier war vom Council des Parlamentes im Anschluss an die Ethik-Deklaration ein Text „A Call to our Guiding Institutions" („Ein Ruf an unsere leitenden Institutionen") ausgearbeitet worden. Darin angesprochen sind praktisch alle großen Institutionen der Welt, die im Prozess der Globalisierung von Bedeutung sind – sei es im politischen, wirtschaftlichen, wissenschaftlichen, erzieherischen oder künstlerischen Bereich. Jeder Teilnehmer musste sich mit einem Bereich, in dem er möglicherweise Kontakte und Einflussmöglichkeiten hat, auseinandersetzen und seine Möglichkeiten in ein Programm einbinden und sich zu seiner Umsetzung verpflichten. Wichtig war, dass überhaupt die interreligiöse Zusammenarbeit mit den großen säkularen weltbestimmenden Organisationen gesucht wurde. Was aber wird nach dem Parlament in Kapstadt geschehen? Für das nächste Parlament haben sich bereits verschiedene Großstädte der Welt beworben. Aber handelt es sich wirklich um ein „Parlament der Religionen der Welt"? Insgesamt waren die in sich großartigen Versammlungen zu amerikanisch besetzt. Ein wenig naiv schien man vorauszusetzen, dass die Religionen das leisten könnten, was die großen säkularen Weltorganisationen nicht schafften. Selbstkritik der Religionen an ihrer je eigenen Geschichte fehlte weithin. Zudem gab es trotz des großen Interesses von der Basis nur wenig offizielle Beteiligung der großen religiösen Traditionen und damit nur wenig Repräsentanz der Weltreligionen.

Leider hat auch das historische Treffen der über 1.000 Führer aller Religionen und aller Nationen auf dem „Millennium-Welt-Friedens-Gipfel" in der UNO in New York im August 2000 weder eine klare globale Zielsetzung noch richtungweisende Ergebnisse vorweisen können. Geplant bleibt weiterhin die Einrichtung eines globalen interreligiösen Rates, der die UNO beraten soll. Wahrscheinlich bestand das wichtigste Resultat dieser Weltversammlung in der Tatsache, dass die Beratungen des Gipfeltreffens in der UNO stattfanden. Die Religionsvertreter brachten dadurch ihre innere Beziehung zu den Vereinten Nationen und damit symbolisch ihre Verpflichtung gegenüber den globalen Herausforderungen zum Ausdruck.

Auf verschiedenartige Weise nehmen heute viele religiöse Menschen, Religionsgemeinschaften und Organisationen die Herausforderung der Autoren des Buches „Threshold 2000" an die Religionen an, sich verstärkt gemeinsam im Prozess der Globalisierung einzusetzen. Interreligiöse Aktionen nehmen zu. Doch fehlt immer noch trotz vieler Initiativen die interreligiöse Effizienz, Durchschlagskraft und Verbindlichkeit, international und global viel bewirken zu können. Ob sich allerdings ein *„Weltrat der Religionen"* (A World Council of Religions, A World Interfaith Council),[35] von dem immer wieder in den großen interreligiösen Bewegungen, im Parlament der Religionen in Chicago und Kapstadt und jüngst auf dem Millennium-Friedensgipfel in New York geträumt wird, angemessener und wirksamer auf der globalen Ebene einsetzen kann, ist sehr umstritten. Neben vielen anderen Schwierigkeiten besteht eine gewisse Gefahr, dass sich ein solcher Rat zu sehr die Agenda von Institutionen wie der UNO vorgeben lässt und für Antworten auf die jeweiligen Menschheitsbedürfnisse nach der Übereinstimmung mit bedeutenden Organisationen wie den Vereinten Nationen sucht, und in der vollen Akzeptanz durch die großen politischen Organisationen und Finanz-Institutionen der Welt das unausgesprochene Kriterium ihres Erfolges und ihrer Wirksamkeit sieht, ohne sich einer möglichen Vereinnahmung noch bewusst zu werden. In diesem Sinn warnte kürzlich Kardinal Daneels von Brüssel, einer der Co-Präsidenten von WCRP, in einer Standortbestimmung der katholischen Kirche in Mitteleuropa für das Jahr 2000 die Kirchen davor, sich im ethischen Bereich auf die Rolle einer „religiös inspirierten U-NESCO“ festlegen zu lassen.[36] Letztlich ist die interreligiöse Zusammenarbeit gefährdet, wenn die kreative, spirituelle und welttranszendierende Dimension der Religionen vernachlässigt wird. WCRP-Altpräsident Erzbischof Fernandez von Delhi drängte vor anderthalb Jahren wenige Wochen vor seinem Tod in einem Rundbrief die WCRP, dass die notwendige Suche nach „sozialer Gerechtigkeit“ unbedingt zusammengeht mit „angewandter Spiritualität [...] die verwurzelt ist in der je eigenen Erfahrung des Göttlichen“[37].

Trotz erstaunlich positiver Entwicklungen im Bereich der interreligiösen Zusammenarbeit erfordert der Prozess der Globalisierung noch ein weitaus größeres *gemeinsames* Engagement für eine humanere Zukunft unserer Erde.

---

[35] Vgl. R. Traer 1999, a.a.O., 121-129.

[36] Vgl. Herder Korrespondenz 54 (2000) 104 f.

[37] A. Fernandes, A Message of Concern and Hope. 7.10.1999, in: Dharma-World 26 (1999), Sept./Okt., 3; vgl. ähnlich: S. Agnivesh, Amman to Capetown. On the Interfaith Trail, in: Commentary – International Movement for a Just World, Malaysia, 2000, Nr. 32, 1f.

Jean Pauls „Rede des todten Christus vom Weltgebäude herab, daß kein Gott sei". Zur Aktualität einer historischen Dichtung*

Peter Horst Neumann

Die geisteswissenschaftlichen Disziplinen gehören, wie man weiß, nicht zu den Effizienz-Wissenschaften, und nach dem Stand ihrer Dritt-Mittel-Einwerbungen sind sie im Verband der Fakultäten eine negligable Größe, vergleichbar allenfalls der Theologie, und wie diese nicht allzu gut geeignet für die öffentliche Selbstdarstellung einer modernen Universität, man hätte es denn auf die bei unsereinem immer noch vermutete Beredsamkeit abgesehen. Die Geisteswissenschaften sind langsame Wissenschaften und als Gedächtnis- und Erinnerungsdisziplinen nicht in gleicher Weise wie unsere prosperierenden Leitwissenschaften auf Fortschritt und Innovation programmiert. Ihre Grundtätigkeit ist eine der langsamsten überhaupt: das Lesen. Und wenn sie sich, nervös geworden durch die Erfahrung ihrer Rückständigkeit, gelegentlich einen kleinen Geschwindigkeitsrausch, ein kleines Fortschritts- und Neuschnee-Erlebnis gönnen, verdanken sie es oftmals nur einem zeitgeistkonformen Methoden-Vertausch. Ein großer kultureller Paradigmenwechsel hat unsern alten humanistischen Begriff von Bildung weitgehend entwertet: sie war vorzugsweise literarisch definiert, und die Geisteswissenschaften durften sich als ihre akademischen Zubringer- und Pflege-Instanzen verstehen. Inzwischen sind sie dabei, sich auf das Überhandnehmen reiner Ausbildungsfunktionen zu resignieren (Ausbildung statt Bildung? Die Universität als Fachhochschule?).

Verstehen Sie das eben Gesagte nicht als Klage oder Anklage: Die Subjekte solchen Klagens machen selten gute Figur, zumal es für das Anklagen keine letztverantwortliche Adresse gibt. Immer verstehen sich die Handelnden als Getriebene. Struktur- und Sachzwänge scheinen die individuellen Verantwortlichkeiten weitgehend aufzuheben. Ich konstatiere es nur und versuche, mir ungefähr den geistigen Ort vorzustellen, an dem ich Ihnen eine der kühnsten und sprachmächtigsten Dichtungen deutscher Sprache, einen Text des Dichters Jean Paul

* Dieser Beitrag zur Bamberger Ringvorlesung wurde großenteils in freier Rede vorgetragen. Ihm lag der beim Dies academicus der Universität Erlangen-Nürnberg am 4. November 2000 gehaltene Festvortrag zugrunde, der hier, mit dem freundlichen Einverständnis der Herausgeber, in unverändertem Wortlaut zum Nachdruck gelangt.

zumuten werde: Die „Rede des todten Christus vom Weltgebäude herab, daß kein Gott sei".

Jemand, dem ich unvorsichtigerweise andeutete, worüber ich heute würde reden wollen, befand mit warnendem Unterton, dass etwas weniger Aktuelles, also auch wohl weniger Interessierendes sich kaum hätte finden lassen. Ihm sei der in Frage stehende Text zwar nicht bekannt, doch worum es da gehe, stehe wohl deutlich im Titel: dass nämlich kein Gott sei. So ähnlich und ganz ohne Konjunktiv habe man diesen Befund von Nietzsche her im Ohr. Das intellektuelle Interesse an dieser Frage, einer Frage aus dem 19. Jahrhundert, sei doch wohl längst erschöpft. Was sagt man so einem, der schon zur Türe geht, bevor das Gespräch noch beginnen konnte? Zunächst doch wohl dieses: Ob es Gott gibt oder nicht gibt, ist eine Frage, die ihren Beunruhigungspunkt in unserer Sterblichkeit hat. Selbst wenn seine Existenz mit einer strahlenden Sicherheit verneint werden könnte, bliebe doch immer noch zu erklären, weshalb Stämme, Völker, Kulturen, Individuen sich seit jeher bemühen, den Mangel ihrer Vergänglichkeit in Mythen und Religionen irgendwie zu bewältigen. Nähmen von dieser existentiellen Beunruhigung nicht auch die Künste, in Sonderheit aber die Literatur ihren Teil, wozu gäbe es sie, welches wäre ihr anthropologisches Legitimat?

Auf einen freundlich-verbindlichen Unterhaltungswert der Dichtung - den geringzuschätzen es keinen Grund gibt - dürfen Sie also für diesmal nicht rechnen. Dass der gewählte Text an theologisch-christologische Probleme rührt, sagt die Überschrift laut genug. Weil es sich aber um Literatur, um ein Kunstwerk aus Sprache handelt, werden wir doktrinären Sätzen, Verkündigungen, stabilen Verbindlichkeiten oder dergleichen nicht begegnen. Wo sie dennoch, was nicht selten geschieht, in künstlerischen Texten prätendiert werden, rechtfertigen sie sich immer von anderswoher, sei es aus der Religion, der Philosophie, aus irgendeiner Ideologie oder sonsteinem kunstfern vorgegebenen Zwecke - selten zum Vorteil der Werke. „Wenn die Kunst [...] überhaupt etwas lehrt, dann ist es die Privatheit menschlicher Existenz. Als älteste Form der Privatinitiative fördert sie in jedem Menschen, wissentlich oder unwissentlich, das Bewusstsein seiner Individualität und Einsamkeit, und verwandelt ihn so von einem sozialen Lebewesen in ein empfindsames Ich."[38] Ich habe mir die letzten zwei Sätze vom russischen Dichter Joseph Brodsky aus seiner Stockholmer Dankesrede zum Nobelpreis 1987 geborgt. Mit solchen Einsichten, denke ich, sollten wir uns munitionieren, um in der unerhörten Beschleunigung und Virtualisierung unserer zivilisatorischen Lebenswelten den anderen Atem-Rhythmus und Realitätsgrad unserer je eigenen Einmaligkeit nicht widerstandslos preiszugeben. Welche Nutzenserwartungen und Fortschritte sich mit Begriffen wie Vernetzung oder Globali-

[38] J. Brodsky, Flucht nach Byzanz. Essays, München 1988, 9.

sierung auch verbinden mögen, sie stehen zugleich für ein gewaltiges Entindividualisierungs-Projekt.

Der im Vortragstitel verwendete Begriff der „Aktualität“ muss dann allerdings für die Werke der Kunst einen anderen Sinn annehmen. Zeitgemäß, verbraucherfreundlich, modekonform oder trendgerecht - an diese geläufigen Bedeutungen ist hier nicht zu denken. Die Aktualität eines künstlerischen Werkes ist von dessen Ursprung und Wesen her eine durchaus private. Sie verdankt sich der Vergegenwärtigungskraft, Vergegenwärtigungslust und -bemühung eines jeweils einzelnen Lesers, Betrachters oder Hörers weiblichen oder männlichen Geschlechts. (Nebenbei: der Rezipient ist ein prinzipiell androgynes Wesen, trotz des grammatikalisch männlichen Geschlechts.) Kunstwerke sind „intentionale Gegenstände“ (Roman Ingarden), also immer auf unsere Beteiligung angewiesen. Gelingt uns die Vergegenwärtigung eines literarischen Textes, etwa einer Dichtung von 1789, so könnte uns aus der Zeitentiefe von über 200 Jahren ein geistiger Zugewinn gelingen, der womöglich manchen zeitgenössischen Lese-Profit übersteigt. Jedenfalls hat die Literaturwissenschaft, wie ich sie verstehe, aus jenen Zeiten, da Bildung sich noch von den Humaniora her, also literarisch definierte, den Auftrag übernommen, gewisse Grundbestände unseres kulturellen Gedächtnisses warm zu halten und dem Gedächtnisverlust entgegenzuwirken. Immer wissend, dass es auch ein legitimes Vergessen gibt, wozu sonst brauchten wir das Gedenken?

Vermutlich heute vor 175 Jahren, an einem 4. oder 5. November, verlor der in Bayreuth lebende Jean Paul das Licht seiner Augen. Er starb zehn Tage danach. Und zwei Wochen später, am 2. Dezember 1825, hielt der große jüdische Publizist des deutschen Vormärz, Ludwig Börne, in Frankfurt seine „Denkrede auf Jean Paul“. „Geduldig“ sah er ihn „an der Pforte des zwanzigsten Jahrhunderts“ stehen, wartend, dass „sein schleichend Volk ihm nachkomme“.[39] Dieser pathetisch vorausgesagte Nachschlich hat zwar nicht stattgefunden, mit seiner Prognose einer künftigen Modernität aber sollte Börne recht behalten. Jean Pauls Einfluss auf Autoren des 20. Jahrhunderts ist beträchtlich, und eine kleine, aber sehr qualifizierte Leserschaft ist ihm bis heute treu geblieben. Die von Börne prophezeite Breitenwirkung wird seinem Werk auch im 21. Jahrhundert, in den sich ankündigenden Krisen unserer Buchkultur, nicht zuteil werden.

Aus Gründen, die hier nicht zu erörtern sind, gilt Jean Paul als ein besonders schwer zu übersetzender Schriftsteller; dass aber jener Text, mit dem er zuallererst weltliterarische Wirkung und Reputation gewann, eine Traumdichtung ist, besitzt eine tiefe Richtigkeit. In Germaine de Staels Deutschlandbuch (De

[39] G. de Bruyn, Das Leben Jean Paul Friedrich Richters. Eine Biographie, Frankfurt am Main 1991, 368.

l`Allemagne) erschien 1810 eine französische Version der „Rede des todten Christus vom Weltgebäude herab, daß kein Gott sei". Durch diese sehr gekürzte und durch die Kürzung noch verschärfte Übersetzung aus der Feder von Charles de Villers hat Jean Paul auf die Traumdichtungen Gérard de Nervals ebenso stark gewirkt wie später auf Dostojewskij, als dieser das Kapitel „Der Großinquisitor" seines Romans „Die Brüder Karamasow" schrieb.

Die Traumdichtung der Christusrede „vom Weltgebäude herab" ist ein separater Text aus dem Korpus des „Siebenkäs"-Romans, ein sogenanntes „Blumenstück", erschienen 1796/97. Es gibt dazu mehrere Vorstufen, die wichtigste aus dem Jahre 1789, *„Des todten Shakespear's Klage unter todten Zuhörern in der Kirche, daß kein Gott sei"*. Auf diesen Text - die Urfassung aller Jean Paulschen Traumdichtungen - scheint sich der Satz aus einer Briefkopie vom 5. Juli 1790 zu beziehen: „Der erste Entwurf fuhr mir mit Grausen vor der Seele vorbei und bebend schrieb ichs nieder".[40] Im selben Zusammenhang spricht Jean Paul von seiner „augspurgischen Konfession", die er verschlossen unter seiner Gehirnschale herumtrüge, wenn es nicht ein paar Menschen gäbe, vor denen er dieses Bekenntnis ablegen wolle. Ob dieses Bekenntnis sich in jenem „dass kein Gott sei" erschöpft, stehe zunächst dahin. Zwar ist die verheerende, welt- und Icherschütternde Kunde der zentrale Gedanke beider Texte: die Botschaft einer transzendentalen Vaterlosigkeit und Gottverlassenheit des Universums; sie wird aber nur geträumt. In beiden Texten folgt auf den Traum ein Erwachen, so dass zwei Erfahrungsbereiche hart gegeneinander stehen und buchstäblich alles, eingeschlossen die Möglichkeit eines sinngetragenen Lebens, davon abhängt, ob es dem Ich des Textes gelinge, die geträumte Schreckensbotschaft in seiner Tageswelt zu verdrängen, zu vergessen; zu verarbeiten, wie auch immer. Um uns dies zu erklären, ist es nötig, den Vorgang des Erzählens, den Traumbericht und seine situative Umrahmung genauer zu betrachten.

Tatsächlich ist jeder Traum, was immer er sonst noch bedeuten mag, in unvermeidbarer Weise ein Erzählproblem. Das gilt für den Psychoanalytiker wie für den Literaturwissenschaftler: Ein Traum ist die Erzählung des Geträumten, es gibt ihn *nur* als Erzählung. Dazu gehören allerdings in beiden Disziplinen ein jeweils anderer Textbegriff und eine je andere Hermeneutik. Sigmund Freuds Bemerkung, es sei im Plan der Schöpfung nicht vorgesehen, dass der Mensch glücklich werde, erklärt sich wohl vor allem aus der Grundeinstellung des Psychoanalytikers, den Menschen als Patienten zu sehen. So ist für ihn jede Traumerzählung die chiffrierte Preisgabe einer Leidensbiographie. Den Traum als Text aber muss man erst herstellen, ihn aus dem halben Vergessen zurückzugewinnen versuchen. Das dialogische Verfahren dieser Art Textgewinnung führt in der

---

[40] J. Paul, Sämtliche Werke, HKA, Bd. III, 1, Berlin 1956, 298.

Psychoanalyse freilich zu keinem manifesten Traumtext, nur zu Erinnerungskorrekturen und Umformulierungen von bereits Erzähltem; der Philologe würde hier von Varianten, Lesarten oder unterschiedlichen Textzeugen sprechen. In diesen Vorgang der psychoanalytischen Traumtext-Gewinnung fließen Deutungen und hermeneutische Reflexionen ständig ein, so dass am Zielpunkt schließlich Traum und Traumdeutung identisch sein müssten. Textgewinnung und Deutung in Diensten der Therapie. Dagegen ist der literarische Traum ein unveränderlicher Text; der Träumer kann nicht befragt werden, und ob das Erzählte ein tatsächlich Geträumtes oder eine Traum-Fingierung ist, bleibt ungewiss - es lässt sich von dem Augenblick an nicht mehr unterscheiden, in dem eine Traum-Erzählung die Grenze der Schriftlichkeit überschreitet.

Erst von dieser Ambivalenz der schriftlich fixierten Traumerzählung her begreift man, weshalb Sigmund Freud sich genötigt fand, die Dichtung zu den Tagträumen zu zählen: es ist dies ein *literarischer Befund* aus der Perspektive der *Traumpsychologie.*[41] Umgekehrt hatte der Nürnberger Philosoph Gotthilf Heinrich Schubert in seiner „Symbolik des Traums" (1814) einen *traumpsychologischen Befund* in *poetologischer* Perspektive formuliert, als er die phantastischen Bilder der Träume das Werk eines „seltsam versteckten Poeten in uns"[42] nannte. Es sind dies zwei komplementäre Fassungen desselben Befundes. *Hier* die Dichtung als Traum: unter den Bedingungen der Wachheit und des Tages, Tagtraum also; *dort* der Traum als Dichtung: unter den Bedingungen des Schlafes, mit einem „seltsam versteckten Poeten" als Urheber. Im Zwielicht dieser aufeinander zustrebenden Bestimmungen hat jede schriftlich befestigte Traumerzählung ihren Ort. Denkt man sich aber noch hinzu, dass Träume seit jeher - sei es bei Homer oder im Alten Testament - ein Medium göttlicher Botschaften, meist in orakelhafter Zweideutigkeit waren, so muss man Jean Pauls Entscheidung bewundern, sich zur artistischen Bewältigung jener Erfahrung des literarisierten Traumes bedient zu haben.

Der situativen Umrahmung des Traumes fällt dabei besondere Bedeutung zu: „... jedes Träumen setzt nicht nur ein vergangenes Wachen, auch ein künftiges voraus"[43], schreibt Jean Paul in seiner „Vorschule der Ästhetik", und tatsächlich placiert er seine erzählten Träume stets zwischen zwei erzählten Wachzuständen. Den Traum kann ja nur der Träumer selbst erzählen; in „Shakespear´s Klage" und in der „Rede des todten Christus" ist der Träumende der Ich-Erzähler des ganzen Textes, er erzählt also auch das Zuvor und das Erwachen. Er deutet

[41] S. Freud, Der Dichter und das Phantasieren, in: ders., Studienausgabe, Bd. X: Bildende Kunst und Literatur, Frankfurt am Main 1969, 169ff.

[42] G. H. Schubert, Die Symbolik des Traums, Reprint der Ausgabe von 1814 mit einem Nachwort von G. Sauder, Heidelberg 1968, 7f.

[43] J. Paul, Werke, Bd. 5, München 1959ff., 444.

an, was ihn zum Träumen gerade dieses Traumes disponiert haben könnte und schildert sodann, wie er erwachend auf das Geträumte reagierte. Es gibt keine andere Erzählinstanz, die zwischen dem Ich des Textes und dem Leser distanzierend vermitteln könnte. Die Suggestion der apokalyptischen Traumbilder ist so stark, dass der Kunstcharakter des Textes fast in Vergessenheit gerät und sein Bekenntnischarakter eine schier unabweisbare Dringlichkeit gewinnt. An eine Differenz zwischen Text-Ich und Autor-Ich mag man da kaum mehr glauben. Dies gilt für beide Traumdichtungen, wobei die „Rede des todten Christus" wortreicher ausgeführt ist und einen höheren Stilisierungsgrad aufweist; in ihrer Botschaft und Wirkung unterscheiden sie sich nicht. Ich zitiere zunächst aus „Des todten Shakespear´s Klage unter den todten Zuschauern in der Kirche, daß kein Gott sei". Der Text beginnt mit einer Kindheits-Reminiszenz des Erzählers, wir wissen aber aus anderen Texten, dass Jean Paul durchaus von sich selbst spricht:

„Ich hörte in meiner Jugend oft, dass die Todten zu Nachts um eilf Uhr, wo wir in tiefen Schlaf untergesunken, aus dem ihrigen auffahren und in der Kirche den Gottesdienst der Lebendigen nachäffen; ich sah daher damals spät nicht gern nach den langen Kirchenfenstern und dem Mondslichte, das darauf schillerte. - Jezt wil ich meinen Traum erzählen; aber ich achte die Träume: es ist uns als sähen wir aus ihnen in ferne bewölkte Gestade hinüber - als trügen sie uns aus dem untern Getöse des Wasserfalles hinweg auf eine stille Höhe, wo wir in den durch die Ebene schweigenden Strom des Lebens schauen und in den Himmel, der über und in ihm steht."[44]

Nun beginnt die eigentliche Traumerzählung: „Mir träumte, ich erwachte auf dem Gottesacker." Es ist zunächst ein Nachträumen jener kindlichen Angstbilder, auf die uns der Einleitungssatz hinwies. Gräber öffnen sich, die Türe des Gebeinhauses steht offen, „an den Mauern flogen Schatten, die niemand machte und andre Schatten giengen aufrecht in der blossen Luft." „In aufgedeckten Särgen lagen schlafende Todte mit einem Angesicht vol lebender Träume und lächelten zuweilen." „An der Kirchdecke war das Zifferblatt der *Ewigkeit,* worauf keine *Zahl* und kein *Zeiger* war und das um sich selber kreisete; dennoch zeigte ein schwarzer Finger darauf und die Todten wollten die *Zeit* darauf sehen."[45] Ein kühneres Bild als das um sich selbst kreisende Zifferblatt ohne Zeiger und Zahl ist in dem Jahrhunderte langen philosophisch-theologischen Diskurs über das schlechthin Unbegreifliche schwerlich gefunden worden - für die „Zeit ohne Zeit", wie der Barockdichter Johann Rist in seinem zum Kirchenlied gewordenen Gedicht die Ewigkeit nannte. („O Ewigkeit, du Donnerwort...")

---

[44] J. Paul, Sämtliche Werke, Bd. II, 2, München 1976, 589f.
[45] Ebd. 590.

Dies ist, mit nur wenigen Zitaten angedeutet, die geträumte Szenerie einer Geisterstunde. Auf ein Motiv aber möchte ich Sie besonders hinweisen, es kehrt nicht nur in der Christus-Rede wieder, was nicht weiter verwundert, denn *alle* Traumbilder der „Shakespear´s Klage“ werden dort wiederholt, es ist auch ein wichtiges, vielleicht sogar das Zentralmotiv des großen Traumes, der den Roman „Flegeljahre“ beschließt: „zwei bebende unaufhörliche Mistöne kämpften in der Kirche miteinander und wolten vergeblich in Einen Wollaut vergehen.“[46] Ein geträumtes Klangbild, Ur-Dissonanz der Entzweiung. Im Schlusstraum der „Flegeljahre“ sind es dann „zwei leise Töne, zwei aneinander sterbende und erwachende; sie tönten vielleicht: `Du und ich´; zwei heilige, aber furchtbare, fast aus der tiefsten Brust und Ewigkeit gezogene Laute, als sage sich Gott das erste Wort und antworte sich das erste. Der Sterbliche durfte sie nicht hören, ohne zu sterben.“[47]

Ich bin hier aus einer Traumdichtung Jean Pauls in eine zweite und dritte hinübergewechselt, um wenigstens an einem Motiv auf gewisse Bild-Obsessionen des Dichters hinzudeuten und auch darauf, dass die „Shakespear´s Klage“ wohl tatsächlich die Urfassung aller Jean Paulschen Traumdichtungen ist. Weshalb er nun aber zuerst „einer edlen Gestalt wie fast Shakespears seiner“ die Botschaft vom Tode Gottes in den Mund legte - darüber könnte man lange sinnieren. Ich denke, es musste eine oberste geistige Autorität sein. Dass *nebst Gott* Shakespeare am meisten geschaffen habe, ist zwar eine Bemerkung, ich glaube von James Joyce, aber Jean Paul würde ihr zugestimmt haben. Für Goethe war er ohnehin „Stern der höchsten Höhe“.[48] In der „Siebenkäs“-Fassung hat Jean Paul dieselbe Botschaft vom Tod des Vatergottes dem toten, also nicht auferstehenden Christus in den Mund gelegt. In den letzten Worten der Shakespeare-Gestalt von 1790 ist allerdings von Christus bereits die Rede: „Seht ihr denn nicht, ihr Todten, das stillestehende Aschenhäufgen auf dem Altar, ich meine das vom verfaulten Jesus Christus“.[49] Dennoch bedeutet es eine ungeheuerliche Verschärfung der atheistischen Traumbotschaft, wenn sie der Gottessohn selbst überbringt und bestätigt:

„Jetzo sank eine hohe edle Gestalt mit einem unvergänglichen Schmerz aus der Höhe auf den Altar hernieder, und alle Todten riefen: `Christus! ist kein Gott?´ Er antwortete: `Es ist keiner [...]. Ich ging durch die Welten, ich stieg in die Sonnen und flog mit den Milchstraßen durch die Wüsten des Himmels; aber es ist kein Gott [...]. - Schreiet fort, Misstöne, zerschreiet die Schatten; denn Er ist

---

[46] Ebd.

[47] Paul 1976, a.a.O., Bd. 2, 1065.

[48] J. W. Goethe, Sämtliche Werke, Briefe, Tagebücher und Gespräche, Frankfurt am Main 1988, Bd. I, 2, 473 („Zwischen beiden Welten“).

[49] Paul 1976, a.a.O., Bd. II, 2, 592.

nicht! [...] Da kamen, schrecklich für das Herz, die gestorbenen Kinder, die im Gottesacker erwacht waren, in den Tempel und warfen sich vor die hohe Gestalt am Altare und sagten: Jesus! haben wir keinen Vater?´ - Und er antwortete mit strömenden Tränen: `Wir sind alle Waisen, ich und ihr, wir sind ohne Vater.´ - Da kreischten die Misstöne heftiger [...] der Tempel und die Kinder sanken unter - und die ganze Erde und die Sonne sanken nach - und das ganze Weltgebäude sank mit seiner Unermesslichkeit vor uns vorbei ...“[50].

Die Sprachgewalt dieser geträumten kosmischen Untergangsvision lässt sich mit Kurzzitaten aus dem einen oder aus dem anderen Text nur schwach andeuten.[51] Wenn von Traumdichtung in deutscher Sprache die Rede ist, wird immer zuerst Jean Pauls „Rede des todten Christus“ genannt werden, mit ihrer Vorstufe der „Shakespear´s Klage“. Die Brisanz der Traum-Botschaft: Gott ist tot - einhundert Jahre vor Nietzsche -, wäre für das Ich des Textes wie für dessen Verfasser und für die Mehrzahl seiner zeitgenössischen Leser schier unerträglich gewesen, hätte es aus diesem Traum kein Erwachen gegeben.

Für die Veröffentlichung im Korpus des „Siebenkäs“-Romans hat Jean Paul der „Rede des todten Christus“ (mit ihren drei Teilen Wachen - Träumen - Wachen) einen „Vorbericht“ vorangestellt. Er beginnt mit dem berühmten Satz: „Das Ziel dieser Dichtung ist die Entschuldigung ihrer Kühnheit“. Der „Vorbericht“ als ganzer aber erklärt die abgründigste aller Jean Paulschen Traum-Visionen zu einem Text, der didaktisch schrecken und abschrecken möchte: „Auch hab ich die Absicht, mit meiner Dichtung einige lesende oder gelesene Magister in Furcht zu versetzen ...“. Er selbst sei tief erschrocken, als er „zum erstenmal in das atheistische Lehrgebäude“ eintrat - „durch die Hand des Atheismus“ werde das „ganze geistige Universum [...] zersprengt und zerschlagen“; gegen das „kaltblütige und kaltherzige“ Erwägen des Daseins Gottes sei diese Dichtung gerichtet, sie wolle „in Furcht“ versetzen.[52] Diese didaktische Nachbereitung kommt einem Zurückschrecken vor der eigenen sprach-denkerischen Kühnheit gleich. Der Pfarrerssohn Jean Paul ist unter dem Einfluss der kritischen Philosophie der Aufklärung, besonders wohl der Kantschen „Kritik der reinen Vernunft“ (1780) in eine Bewusstseinskrise geraten, die nicht nur seinen Glauben an den geoffenbarten Gott, sondern auch seinen Unsterblichkeitsglauben unterminieren musste. Auf dem Kulminationspunkt dieser Krisis in den Jahren 1789/90 - in diese Zeit fallen der Tod seines Freundes Johann Bernhard Hermann, der Suizid seines Bruders Heinrich und eine Vision seines eigenen Todes - müssen

[50] Paul 1959ff, a.a.O., Bd. 2, 269.

[51] Auf die Kühnheit des Plurals „Milchstraßen“ hat mich ein Hörer meines Vortrags hingewiesen: die Astronomie wusste nur den Singular.

[52] Paul 1959ff, a.a.O., Bd. 2, 266f.

ihn die in den Text der „Shakespear's Klage" hineingeschriebenen Traumbilder heimgesucht haben.

Der Traum-Text ist eine Reaktion auf die Auslöschung der traditionellen Glaubensbilder des offenbarten Christenglaubens durch die kritische Philosophie. In diesen Bildern versichert sich der gläubige Mensch seiner ontologischen Geborgenheit in der Welt und im Universum. Diese Bilder, vor allem die Vatergestalt des Schöpfergottes und die Erlösergestalt des Gottessohnes, halten dem aufklärerischen Denken nicht Stand, es setzt an ihre Stelle ein göttliches Abstraktum. Für Immanuel Kant - mit dessen Namen man die Jean Paulsche Glaubens- und Bewusstseinskrise bezeichnen darf - es sollte nicht die letzte Kant-Krise eines deutschen Schriftstellers sein -, für Kant übersteigt die Existenz Gottes jede mögliche Erkenntnis und Erfahrung, sie kann also weder bewiesen noch bestritten werden. Das ist nun zwar keine atheistische oder agnostizistische Position, die das nicht Wissbare auf sich beruhen lässt. Die Existenz Gottes muss vielmehr aus Gründen der „praktischen Vernunft" angenommen werden, und sie gehört für Kant ebenso wie die Annahme eines künftigen Lebens (einer „zweiten Welt", wie Jean Paul es nennt) zu den Verbindlichkeiten der „reinen Vernunft".[53] Der Gottesglaube gilt hier als Teil unserer moralischen Welt, Gott ist aus Gründen der „praktischen Vernunft" zu *postulieren.* Die Abstraktheit dieses philosophischen Gottes-Postulates musste wohl einen Bewusstseinssturz bewirken, der sich dann in den geträumten Bildern eines universellen Chaos niederschlug. Wie aber war es einem, den solche Traumbilder heimsuchten, möglich, im Bewusstsein ihrer Botschaft geistig weiterzuleben? Das Geträumte konnte als Gespinst nicht verharmlost werden. Ob Shakespeare oder Jesus Christus - es sind höchste Autoritäten, die hier den Tod des Vatergottes verbürgen. Wie also vollzieht sich das Erwachen, wie findet sich der Empfänger einer solchen Botschaft in seiner Welt fortan zurecht? Hören Sie den Schluss der „Rede des todten Christus". Der Träumer berichtet:

„Und als ich niederfiel und ins leuchtende Weltgebäude blickte: sah ich die emporgehobenen Ringe der Riesenschlange der Ewigkeit, die sich um das Welten-All gelagert hatte - und die Ringe fielen nieder, und sie umfasste das All doppelt - dann wand sie sich tausendfach um die Natur - und quetschte die Welten aneinander - und drückte zermalmend den unendlichen Tempel zu einer Gottesacker-Kirche zusammen - und alles wurde eng, düster, bang - und ein unermesslich ausgedehnter Glockenhammer sollte die letzte Stunde der Zeit schlagen und das Weltgebäude zersplittern ... als ich erwachte.

[53] I. Kant, Kritik der reinen Vernunft. Vgl. besonders: II. Transzendentale Methodenlehre, 2. Hauptstück, 3. Abschnitt „Vom Meinen, Wissen und Glauben".

Meine Seele weinte vor Freude, dass sie wieder Gott anbeten konnte - und die Freude und das Weinen und der Glaube an ihn waren das Gebet. Und als ich aufstand, glimmte die Sonne tief hinter den vollen purpurnen Kornähren und warf friedlich den Widerschein ihres Abendrotes dem kleinen Monde zu, der ohne eine Aurora im Morgen aufstieg; und zwischen dem Himmel und der Erde streckte eine frohe vergängliche Welt ihre kurzen Flügel aus und lebte, wie ich, vor dem unendlichen Vater; und von der ganzen Natur um mich flossen friedliche Töne aus, wie von fernen Abendglocken.“[54]

Der Traum erreicht unmittelbar vor dem Erwachen seinen apokalyptischen Höhepunkt. Das Erwachen aber geschieht in heiterer Gottesfreude, den im Traume Verneinten wieder anbeten zu dürfen.

Wäre dann also die Traumbotschaft von der transzendentalen Vaterlosigkeit im Erwachen beiseite geschoben und ohne Folgen geblieben? Nein, gerade dies ist nicht der Fall. Hören wir noch einmal in die Texte beider Traum-Erzählungen hinein. Dem toten Shakespeare sind Worte wie diese in den Mund gelegt: „Wo ziehst du hin, Sonne mit deinen Erden? Auf deinem langen Wege findest du keinen Gott und nur vielleicht auf Einer Erde einen *eingebildeten* ...“. Und zu den Lebenden spricht der Tote: „gebt uns eueren Gott! So glücklich war ich auch in meinen verflatterten Tagen, da ich noch den schmerzenden Busen an dich legte, du unmöglicher Gott! [...] ach, betet ihn recht an, diesen geliebten Gott, eh' er mit euerem Traume und Körper zerflattert.“[55] Ähnlich spricht der tote Christus: „wenn du noch lebest, so bete Ihn an: sonst hast du Ihn auf ewig verloren.“[56]

Welche Paradoxie: derselbe tote Christus, aus dessen Mund das weltzerreißende „Es ist kein Gott“ ertönte, fordert zur Anbetung Gottes auf; wer ihn nicht anbete, habe „Ihn auf ewig verloren“. Ich wüsste mir dafür keine andere Erklärung als den Gedanken der Kantschen Philosophie: dass Gott keine dem Glauben verbürgte Gestalt, sondern ein Postulat der „praktischen Vernunft“ und eine Verbindlichkeit der moralischen Welt sei. Daraus mag sich erklären, dass die Toten seine Nicht-Existenz beklagen und dass sie die Lebenden um die Möglichkeit beneiden, den noch anbeten zu dürfen, der ihnen ein „unmöglicher Gott“ ist. Sie neiden ihnen das Hoffnung-haben-dürfen und die Täuschbarkeit. Gott erscheint hier als eine Funktion der Gottesbedürftigkeit der Lebendigen. (An die Evangelisten-Worte [Matth. 22, 32] „Gott aber ist nicht ein Gott der Toten, sondern der Lebendigen“ ist hier gewiss nicht zu denken - eine Entsprechung höchst unbiblisch-wortgetreu.) Die Kühnheit, für die sich Jean Paul am Anfang der Christusrede bei seinen Lesern entschuldigt, ist also nicht nur die Kühnheit jener die

---

[54] Paul 1959ff, a.a.O., Bd. 2, 271.
[55] Paul 1976, a.a.O., Bd. II, 2, 591.
[56] Paul 1959ff, a.a.O., Bd. 2, 271.

Seele marternden Traumbilder und der Botschaft vom Tode des Vatergottes, kühner noch scheint mir der aus dem Traum heraus gesprochene Appell, den unerweisbaren, nur postulierbaren Gott in frommem Gebet zu verehren.

Das Ja und Nein des religiösen Glaubens stehen hier in so innigem Bezug zu- und gegeneinander, dass der Begriff der Paradoxie dafür kaum ausreicht. Das Traumbild der in keine Harmonie auflösbaren Misstöne, Klangbild einer ontologischen Dissonanz, scheint mir ungleich genauer und eindringlicher. Von einer Versöhnung kann keine Rede sein. Und kaum eine andere literarische Textart hätte diese Unausgesöhntheit als eine *dennoch lebbare zu* gestalten erlaubt. Ich denke, dass diese Traumdichtung vom Ende des 18. Jahrhunderts, in ihren beiden Versionen als „Shakespear's Klage" und Christus-Rede, ein Schlüsseltext zum Verständnis ihres Dichters ist. Hier ist vorgedacht und vorgesprochen, was bei Nietzsche, Kierkegaard, Dostojewskij und vielen anderen fortwirkte und in immer neuen Ausprägungen sich wiederfindet im Bewusstsein und in der Dichtung der Moderne des 20. Jahrhunderts. Bei keinem Autor seiner Epoche aber stehen Zweifel und Bejahung, Glaubens- wie Lebenssinnverlust und Glaubensbedürftigkeit, Unsterblichkeitshoffnung und die Melancholie des Nicht-Wissen-Könnens, das Ja und das Nein, in einer so hochgefährdeten Balance wie bei Jean Paul.

„Wir / wissen ja nicht, weißt du, / wir / wissen ja nicht / was / gilt" heißt es in Celans Gedicht „Zürich. Zum Storchen", das ein Religionsgespräch Celans mit der Dichterin Nelly Sachs erinnert.[57] Und am Schluss von Kafkas „Prozess"-Roman steht ein Satz, dem auch Jean Paul wohl ebenfalls zugestimmt hätte: „Die Logik ist zwar unerschütterlich, aber einem Menschen der leben will, widersteht sie nicht."[58]

---

57 P. Celan, Gesammelte Werke, Frankfurt am Main 1983, Bd. 1, 214f.

58 F. Kafka, Gesammelte Werke in 12 Bänden, Nachdruck der Kritischen Ausgabe, Frankfurt am Main 1994, Bd. 3, 241.

Autor(inn)en und Herausgeberin

Bochinger, Christoph, Professor für religiöse Sozialisation und Erwachsenenbildung an der Universität Bayreuth.

Heimbach-Steins, Marianne, Professorin für Christliche Soziallehre und Allgemeine Religionssoziologie an der Universität Bamberg.

Hilger, Georg, Professor für Praktische Theologie (Religionspädagogik und Didaktik des Religionsunterrichts) an der Universität Regensburg.

Klaes, Norbert, Professor für Religionsgeschichte an der Universität Würzburg.

Neumann, Peter Horst, Professor für Neuere deutsche Literaturgeschichte an der Universität Erlangen-Nürnberg.

Wohlrab-Sahr, Monika, Professorin für Religions- und Kirchensoziologie, Theologische Fakultät der Universität Leipzig.

Bamberger
Theologisches Forum

Herausgegeben von
Klaus Bieberstein, Peter Bruns, Volker Eid, Marianne Heimbach-Steins, Alfred Hierold, Wolfgang Klausnitzer, Georg Kraus, Godehard Ruppert, Heinz-Günther Schöttler und Peter Wünsche,
Professoren der Fakultät Katholische Theologie
der Otto-Friedrich-Universität Bamberg

Band 1 Georg Kraus (Hrsg.), Wozu noch Laien? Für das Miteinander in der Kirche, Frankfurt 2001.

Band 2 Georg Kraus (Hrsg.), Zukunft im Dialog zwischen Theologie und Naturwissenschaft, Frankfurt 2001.

Band 3 Marianne Heimbach-Steins (Hrsg.), Religion als gesellschaftliches Phänomen. Soziologische, theologische und literaturwissenschaftliche Annäherungen, Münster 2002.